Edgar

Frédéric Pouhier & Susie Jouffa

Ein Katerleben

Frédéric Pouhier &
Susie Jouffa

Ein Kater-leben

Edgars geheime Tagebücher

Übersetzung aus dem Französischen
von Corinna Rodewald

Lübbe

MIX
Papier aus verantwortungsvollen Quellen
FSC® C014496
www.fsc.org

Dieser Titel ist auch als E-Book erschienen.

Titel der französischen Originalausgabe:
»Journal intime d'un chat acariâtre«

Textredaktion: Anne Fröhlich, Bremen
Illustrationen: Rita Berman
Umschlaggestaltung: Kirstin Osenau
Umschlagmotiv: © Rita Berman
Satz: Greiner & Reichel, Köln
Gesetzt aus der Aldus LT
Druck und Einband: GGP Media GmbH, Pößneck

Printed in Germany
ISBN 978-3-431-03942-9

5 4 3 2 1

Sie finden uns im Internet unter: www.luebbe.de
Bitte beachten Sie auch: www.lesejury.de

Für Sita, unsere grantige kleine Wunschkatze

Darf ich mich vorstellen? Mein Name ist Edgar, und ich bin ein sechs Monate alter lebhafter, kluger, äußerst gut aussehender, unkomplizierter, bescheidener kleiner Kater. Nachdem ich von Heim zu Heim gezogen bin, wurde ich nun – gegen meinen Willen – von einer Familie aufgenommen, deren Namen ich nicht kenne. Nennen wir sie die Familie Trottel, das passt ganz hervorragend zu ihr.

Was kann ich Ihnen zu meinen neuen Kerkermeistern sagen? Die Familie Trottel besteht aus dem hoffnungslos gewöhnlichen Paar Marc und Séverine sowie ihren beiden Kindern Rodolphe, ein fünf Jahre alter kleiner Blondschopf, ebenso putzig wie dumm, und Léa, eine Vierzehnjährige, die sich mehr für Jungs interessiert als für die Schule. Und schließlich ist da noch Patapouf, ein träger Hund unbestimmter Rasse.

Von diesem neuen Leben werde ich Ihnen von jetzt an jeden Tag in meinem Tagebuch erzählen.

Unterzeichnet: der grantige kleine Kater.

3. Juni
1. Tag in Gefangenschaft

Um Himmels willen! Was soll ich denn in diesem Karton? Nur zur Information, ich bin kein UPS-Paket, sondern ein wildes Tier, eine Raubkatze, ein Rebell, ein Tätowierter.

Na ja, es war jedenfalls höchste Zeit, aus dem Tierheim rauszukommen. Ich kann die Gesellschaft meiner Artgenossen nicht ausstehen, diese Mischung abstoßender Gerüche, wenn alle eng zusammengepfercht sind, in kleinen Käfigen ohne jeglichen Komfort, und dann das Essen, so fade, das schmeckt fast schon wie das Menü in einem Zugrestaurant. Und womit hatte ich diese wochenlange Inhaftierung überhaupt verdient? Wenn ich wenigstens eine Zoohandlung überfallen und dort Dosen- und Trockenfutter geklaut hätte … Aber nein, nicht einmal das! Ich bin unschuldig.

Anscheinend wurde ich von einer »sehr sympathischen« Familie adoptiert. Na, das wollen wir erst einmal sehen, ich schenke meine Zuneigung schließlich nicht gleich jedem.

4. Juni
2. Tag in Gefangenschaft

Was sollen diese albernen Gesichter und dieses einschmeichelnde Lächeln? Und hört endlich auf, mich zu streicheln! Wir kennen uns doch kaum, das ist unangenehm.

Gebt mir ein bisschen Luft zum Atmen, und ich bitte euch, hört auf, mit mir zu reden, als wäre ich ein Säugling. Ich verstehe mehr als nur irgendwelche Gurrlaute. In einem Punkt muss ich euch allerdings recht geben: Ich bin wirklich wunderschön.

5. Juni
3. Tag in Gefangenschaft

Liebe Leser, ich bin fix und fertig. Stellen Sie sich nur vor, was für eine Arbeit das ist, meine Duftmarke in alle Ecken und Winkel dieses Hauses mit seinen hundertfünfzig Quadratmetern zu setzen. Und gleichzeitig auch noch um jeden Preis zu verhindern, von meinen neuen Kerkermeistern gestreichelt und geknuddelt zu werden. Das muss ich wirklich mit ihnen klären. Ich bin kein Kuscheltier, ich bin ein Wilder. Das werden sie noch begreifen … früher oder später! Seien Sie mal ehrlich: Sehe ich aus wie ein Kuscheltier?

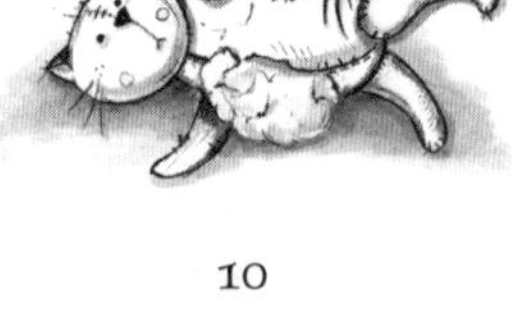

Na gut, vielleicht ein bisschen, aber die Katzen waren zuerst da. Die Kuscheltierhersteller haben alles bei uns abgeguckt. Und das, ohne uns vorher um Erlaubnis zu fragen, und übrigens auch ohne uns Tantiemen zu zahlen. Wenn einer unter Ihnen Anwalt für Unternehmensrecht sein und sich berufen fühlen sollte, für diesen Fall einzutreten, so melde er sich bitte!

Und vergessen Sie eines nicht, genau wie wir sind ja auch Bären Vorbilder für Kuscheltiere. Wenn Sie also in den Pyrenäen einem Bären begegnen, folgen Sie meinem Rat: Stürzen Sie sich auf ihn, knuddeln und streicheln Sie ihn und knutschen ihn ab. Und wenn Sie dann im Krankenhaus liegen, denken Sie daran: Auch wir Katzen sind keine Kuscheltiere! Wer nicht hören will, muss fühlen.

7. Juni

5. Tag in Gefangenschaft

Heute Morgen habe ich knallhart durchgegriffen: Ich habe eine Maus enthauptet und ihre Leiche auf dem Bett der Eltern Trottel platziert. Etwas barbarisch, ich weiß, aber nur so kann ich meinen Kerkermeistern klarmachen, wozu ich fähig bin.

Die Mission ist leider jämmerlich gescheitert. Anstatt dass die beiden vor Entsetzen erstarrten, waren sie ganz entzückt und ergingen sich in dämlichen Lobpreisungen: »Was für ein braver Kater, so ein guter Jäger!«

Ich fürchte, ich muss mit meiner Gewaltbereitschaft noch einen Schritt weiter gehen …

8. Juni

6. Tag in Gefangenschaft

Liebes Tagebuch, mir ist aufgefallen, dass ich den Hund des Hauses noch nicht vorgestellt habe: Patapouf ist ein zehn Kilo schweres, sabberndes Fellknäuel undefinierbarer Rasse, das vor dümmlicher Liebe für alles und jeden nur so überbordet. Er verehrt die Trottels, liebt die Nachbarn, liebt es zu fressen, zu laufen, zu spielen, zu schlafen und, was am schlimmsten ist: Mich liebt er auch.

9. Juni
7. Tag in Gefangenschaft

Mit zitternder Pfote schreibe ich diese wenigen Zeilen oben auf dem Schrank, wo ich seit nunmehr zwei Stunden Zuflucht suche.

Noch nie in meinem ganzen Leben ist mir etwas derart Grauenerweckendes begegnet: ein kleines zweijähriges Mädchen namens Victoire. Bei der Erinnerung daran, wie sie ins Wohnzimmer kam, schaudert es mir immer noch. Auf wackligen Beinen und ganze neunzig Zentimeter groß kam sie auf mich zugelaufen und rief laut: »Miezekatze! Ich will mit Miezekatze spielen. Maman, ich will die Mieze streicheln …«

10. Juni
8. Tag in Gefangenschaft

Den ganzen Tag Regen, ein Wetter, bei dem man nicht einmal eine Katze vor die Tür jagt. Ich bin aber trotzdem rausgegangen. Ich habe mich einfach von meinem Wagemut leiten lassen, bin hinaus in den Garten marschiert und habe mir meine hübschen, sauberen Pfoten im Matsch dreckig gemacht, damit ich sie mir anschließend gewissenhaft auf dem neuen cremefarbenen Teppich der Trottels abwischen konnte.

13. Juni
11. Tag in Gefangenschaft

Meine Ansprüche an die Hygiene liegen weit über dem, was der Durchschnitt meiner Artgenossen fordert. Ich finde, jede Katze mit einem Minimum an Selbstrespekt sollte von ihrem Entführer verlangen, dass ihre Katzenstreu mindestens einmal täglich gewechselt wird.

Ich habe keine zwei Tage gebraucht, um das deutlich zu machen. Meine Technik ist unschlagbar: in die Handtasche von Madame pinkeln, meinen traurigen Hundeblick aufsetzen (der einen Eisberg in etwa so schnell zum Schmelzen bringen würde wie eine Mikrowelle) und flehentlich auf mein verdrecktes Katzenklo gucken.

14. Juni
12. Tag in Gefangenschaft

Jeden Tag macht mich die Familie Trottel ratloser. Obwohl ich mich offensichtlich nicht dafür interessiere, lassen sie immer wieder irgendwelche kleinen Gegenstände an einer Schnur vor meiner Nase baumeln in der Hoffnung, mich damit zu erfreuen, glücklich zu machen oder was weiß ich!

Den gleichen Sinn für Humor haben wir jedenfalls nicht. Ich finde es zum Totlachen, wenn ich im Morgengrauen ihre Gesichter sehe, wenn sie mit Entsetzen feststellen, dass ich ihr neues Ledersofa zerrissen habe.

Das hat mich heute Nacht ganz schön viel Anstrengung gekostet, aber das Ergebnis war die Mühe wert. Deswegen lege ich mich jetzt auch hin, mir ist ganz leicht ums Herz, und ich bin stolz auf meine Leistung.

15. Juni

13. Tag in Gefangenschaft

Angeblich landen Menschen ja immer auf ihren Pfoten. Deswegen bin ich heute extrafrüh aufgestanden, um ein kleines wissenschaftliches Experiment durchzuführen.

Ich habe mich auf der vorletzten Treppenstufe versteckt und geduldig darauf gewartet, dass mein Herrchen aufwacht. (Ach Gott, wie ich dieses Wort hasse: »Herrchen«!) Wie auch immer, ich habe darauf gewartet, dass das Alphamännchen der Familie aufsteht und mit vom Schlaf noch verquollenen Augen anfängt, die Treppe hinunterzugehen, mich auf der Stufe hocken sieht, das Gleichgewicht verliert und jämmerlich hinabstürzt.

16. Juni

14. Tag in Gefangenschaft

Habe ich Ihnen schon von meinem Garten erzählt? Nein? Er ist zwar nicht Versailles, aber ich mag ihn. Er ist auch nicht besonders groß, doch ich gebe die Hoffnung nicht auf, dass ich schon bald die angrenzenden Gärten erobern werde. Der Rasen ist ganz weich, und in der Mitte steht ein großer Baum, dann gibt es noch eine Schaukel für die Kinder und eine Hundehütte für Patapouf.

Nur ein Hund würde sich darauf einlassen, in so einem Loch zu schlafen, wenn auch nur ab und zu. Stellen Sie sich vor, es gibt keinerlei Komfort darin, weder Sofa noch Heizung, nicht einmal einen Kühlschrank. Ich kann Ihnen versichern, der Mensch, der mich dazu bringt, an einem solchen Ort zu übernachten, muss erst noch geboren werden!

17. Juni

15. Tag in Gefangenschaft

»Mieze, komm her.«

»Komm kuscheln, Mieze.«

»Mieze, Zeit fürs Fresschen.«

Ich ertrage es einfach nicht mehr, dass man mich »Mieze« nennt! Ein so lächerlicher Spitzname, der passt doch besser zu einem Gogo-Tänzer in einer Schwulenkneipe als zu einem Rassekater wie mir!

Ich verdiene einen Spitznamen, der meiner würdig ist, zum Beispiel Alexander der Große, Napoleon, Louis XIV, Attila … etwas, das besser zu meiner Persönlichkeit passt als dieses alberne »Mieze«.

Haben Sie eine Vorstellung davon, wie peinlich es ist, wenn ich »Mieze« gerufen werde, wenn gerade einer meiner

Artgenossen bei mir im Garten herumstreift? Bei dem Gedanken daran werde ich unterm Fell immer noch ganz rot.

18. Juni

16. Tag in Gefangenschaft

Gestern Abend habe ich eine faszinierende Dokumentation über das alte Ägypten im Fernsehen gesehen. Wussten Sie, dass man in dieser Hochkultur die Katzen verehrte? Wir waren dort ein Symbol für Schutz. Die Katze wurde als *göttliche Tochter des Sonnengottes Re angesehen.*

Da ich ja, wie Sie wissen, umgänglich und tolerant, geduldig und dazu noch überaus bescheiden bin, bemühe ich mich nun also darum, dass Familie Trottel mich von morgens bis abends verehrt. Ansonsten werde ich mich dazu gezwungen sehen, meine göttlichen Kräfte dazu aufzuwenden, es auf ihre armen sterblichen Köpfchen herunterblitzen zu lassen.

19. Juni

17. Tag in Gefangenschaft

Um ein Uhr morgens hat mein Herrchen ... *bäh!* Also wirklich, ich kann es nicht ausstehen, ihn so zu nennen, das fühlt sich in etwa so angenehm an wie Haare auf der Zunge. Jedenfalls hat mein »Herrchen« gestern Abend lange an einem wichtigen Bericht für seinen Chef gearbeitet. Weil ich gespürt habe, wie erschöpft er war, am Ende seiner Nerven, wollte ich ihm helfen und habe mich auf die Tastatur seines Computers gelegt. Sein Bericht sollte mit dem brillanten Kapitel mit der Überschrift *gdzeugduzwegiefgiwzuwateuzawreuzwareuzwarezuwarezurwazuerzuwauzwarezuawrezurawe.jizzrt* enden.

Ob Sie es glauben oder nicht, Marc ist nichts Besseres eingefallen, als mich anzuschreien und aus seinem Arbeitszimmer zu scheuchen.

20. Juni
18. Tag in Gefangenschaft

Nennen Sie mich ruhig gefühlsduselig, aber langsam gewöhne ich mich an meine neue Familie. Sicher, es sind keine Genies, weit davon entfernt, aber sie kümmern sich anständig um mich. Auch wenn mir noch viel Arbeit bevorsteht, bis ich sie vernünftig abgerichtet habe.

Ich muss Ihnen gestehen, dass ich auf dieser Welt nichts lieber tue, als in jegliche Art von Taschen hineinzukriechen, meinetwegen auch in Plastik- oder Papiertüten, aber am liebsten sind mir Lederhandtaschen. Ja, da kann ich noch so sehr Kater sein, ich stehe auf Handtaschen!

Heute Abend gab es eine Cocktailparty, und ich habe die Handtasche von Séverines Freundin ausgeräumt, weil ich mich darin verstecken wollte. Erst habe ich ihr Porte-

monnaie und ihre Zigaretten im Wohnzimmer verteilt und dann ein Sexspielzeug beachtlicher Größe hervorgekramt. Da hat die junge Frau doch tatsächlich angefangen, das ganze Haus zusammenzuschreien. Dann ist sie in Tränen aufgelöst gegangen und hat ihre Tasche mitgenommen, und ich hatte mir noch nicht einmal eine Höhle darin eingerichtet.

21. Juni
19. Tag in Gefangenschaft

Es ist entschieden, ich verlasse die Familie. Sie sind ja ganz nett, aber irgendwie erdrücken sie mich auch. Ich bin schließlich ein in der Wildnis lebendes Tier. Meine Krallen sind dafür da, meine Feinde abzumurksen, egal wen, meine Zähne sind Stichwaffen, meine Intelligenz und meine Beobachtungsgabe machen aus mir ein furchterregendes Raubtier. Was habe ich in der Wildnis also schon zu befürchten? Das Abenteuer ruft mich, ich kann es spüren. Heute starte ich die Operation Alcatraz.

Um meine Flucht optimal vorzubereiten, habe ich mir die gesamten Staffeln von *Prison Break* angesehen. Und das, obwohl ich nicht gerade scharf darauf bin, mir wie der Held der Serie den Grundriss des Hauses aufzutätowieren, den ich unter meinem Fell ohnehin nicht lesen könnte. Und auf meine Ohren würden ja so viele Informationen gar nicht draufpassen!

22. Juni
20. Tag in Gefangenschaft

Es ist zehn Uhr morgens, und ich habe die Ankunft des Postboten genutzt, um aus dem Familienheim auszubrechen. In meinen Schnurrhaaren spüre ich die frische Luft, die den Duft nach Freiheit mit sich trägt.

Zehn Uhr fünf. Machen wir uns nichts vor, es ist ganz schön kalt hier draußen. Auch wenn ich den kleidsamsten aller Pelze trage, bin ich doch von kälteempfindlicher Natur. Außerdem ist weit und breit keine einzige Maus zu sehen, und drinnen nähert sich das Mittagessen mit großen Schritten. Und selbst wenn ich eine verfluchte Maus erwischen würde, hätte ich keine Ahnung, wie man sie zubereitet.

Zehn nach zehn, zurück im Haus. Das ist keine Kapitulation, nein, betrachten Sie es vielmehr als taktischen Rückzug. Sicher, ich bin eine Wildkatze, aber das heißt ja nicht, dass ich nach einem üppigen Mittagessen nicht gern ein gemütliches kleines Nickerchen vor dem Kamin mache.

23. Juni
21. Tag in Gefangenschaft

Ich habe gehört, dass wir Raubkatzen neun Leben haben. Diese Vorstellung gefällt mir unheimlich gut. Ich habe also schon mal eine Wunschliste für meine nächsten Leben angefangen:

- als Katze von Karl Lagerfeld auf dem Cover sämtlicher Modemagazine erscheinen
- als Katze von Paul Bocuse von seinen exquisitesten kulinarischen Kreationen naschen
- als Katze eines Maharadscha in einem riesigen Palast spielen

– als Katze eines Diktators sämtliche Tierärzte kastrieren
– als Katze von Darth Vader alle Tierärzte vernichten, die meine bisherigen Leben überlebt haben
– und schließlich als Katze von Gott verhindern, dass es neue Tierärzte gibt

PS: Denken Sie jetzt bloß nicht, dass ich es auf diese Berufsgruppe im Besonderen abgesehen habe.

25. Juni
23. Tag in Gefangenschaft

Ich würde gern dieses Tagebuch dazu nutzen, eine Schimpfkanonade auf die Belanglosigkeit von Fernsehsendungen loszulassen.

Ich kann die Sendungen nicht ausstehen, die Familie Trottel mir jeden Abend antut. Die Krimiserien, in denen die Bösen Katz und Maus mit den Guten spielen, kann ich auf den Tod nicht leiden. Aber am schlimmsten sind wirklich die Arztserien. Die erinnern mich zu sehr an den Tierarzt. Und ich bin auch sehr enttäuscht, dass es keinen *KaKa* gibt, Kinder haben doch schließlich auch ihren eigenen Sender. Die einzigen Sendungen, die vor meinem kritischen Blick Gnade finden, sind Kochsendungen, da läuft mir das Wasser im Munde zusammen.

26. Juni
24. Tag in Gefangenschaft

Einmal ist zwar keinmal, doch heute hatte ich einen ganz wunderbaren Tag. Ich habe das lustigste Spiel der Welt entdeckt: das Klopapier abrollen und im ganzen Haus verteilen. Stellen Sie sich Marcs Gesicht vor, als er in Begleitung seines neuen Chefs nach Hause kam. Dieses Spiel werde ich nie satthaben, da bin ich mir sicher.

27. Juni

25. Tag in Gefangenschaft

Ich habe das Spiel satt. Wirklich beeindruckend, wie schnell ich mich langweile.

28. Juni

26. Tag in Gefangenschaft

Selbst wenn ich wütend bin, bin ich noch niedlich. Das ist das Tragische. Gestern Abend wollte ich mein Missfallen angesichts meines mit Diättrockenfutter gefüllten Napfes zum Ausdruck bringen. Ich habe mich also auf dem Couchtisch vor der vor dem Fernseher versammelten Familie Trottel aufgebaut und sie mit düsterem, wutentbranntem Blick vorwurfsvoll angestarrt. Und was bekomme ich für eine Reaktion von den Trantüten?

»Guck mal, wie schön er ist! Ja, Edgar, du bist ein ganz Süßer. Braver Kater!«

Es ist fürchterlich, dermaßen verkannt zu werden.

29. Juni

27. Tag in Gefangenschaft

Habe ich Ihnen schon von meinem schlimmsten Feind erzählt? Nein, nicht der Tierarzt, der andere schlimmste

Feind: Minnie, die Nachbarkatze. 3,4 Kilo Feindseligkeit, fünfzig Zentimeter Hässlichkeit. Sie da, Sie Menschen, Sie werden nie verstehen, welchen Hass wir Katzen gegeneinander hegen. Für uns sind andere Katzen das, was für Sie der Abteilungsleiter ist, der Finanzbeamte, die Frau, die Ihnen beim Schlussverkauf das letzte Kleid in Größe achtunddreißig vor der Nase wegschnappt, oder Ihr Cousin, der rassistische Macho.

30. Juni

28. Tag in Gefangenschaft

Was entdecke ich da, während ich die Mädchenmagazine der jungen Léa durchblättere? Achtundneunzig Prozent der Frauen halten Schnurrbärte für altmodisch! Schnurrbärte und altmodisch? Das ist doch absurd. Stellen Sie sich nur Magnum, Salvador Dalí oder Freddie Mercury ohne Schnurrbart vor! Ich für meinen Teil weigere mich, meine wunderschönen Schnurrhaare zu rasieren, sie verleihen mir die Eleganz eines Errol Flynn, die Männlichkeit eines Omar Sharif. Und außerdem, Sie ungebildete Menschheit, sollten Sie wissen, dass unsere Schnurrhaare unerlässlich für unseren Gleichgewichtssinn sind und uns als Präzisionsradar dienen. Hiermit überlasse ich Sie Ihren lächerlichen ästhe-

tischen Überlegungen. Meine Schnurrhaare und ich, wir legen uns jetzt wieder hin.

1. Juli
29. Tag in Gefangenschaft

Montag: Nickerchen.

Dienstag: Nickerchen.

Mittwoch: Nickerchen.

Donnerstag: Nickerchen.

Freitag: Nickerchen.

Nach dieser anstrengenden Woche habe ich mir wohl ein erholsames Wochenende verdient.

Es schickt sich wirklich nicht, dass ich meine Tage mit Schlafen verplempere. Ich muss es anpacken, etwas für die Nachwelt hinterlassen, ein monumentales Opus verfassen, ein Meisterwerk malen, eine Oper komponieren, herausfinden, wie man Krebs heilt … Mein Gott! Das macht mich ja schon im Voraus ganz müde, ich glaube, ich muss erst einmal ein kleines Nickerchen halten.

2. Juli
30. Tag in Gefangenschaft

Hallo? Ich bin hier! Es gibt mich noch! Hey, bist du in Gehirnstarre verfallen? Ich habe Hunger!

Es ist doch immer das Gleiche, wenn Marc vorm PC sitzt. Als hätte man ihn hypnotisiert, er sieht nichts anderes mehr. Da kann ich noch so sehr um seine Beine herumstreifen, schnurren, miauen, auf seinen Schreibtisch klettern, nichts hilft! Ich fühle mich in etwa so durchsichtig wie ein Kleid von Lady Gaga.

Ich kann diese Begeisterung für die moderne Technologie wirklich nicht verstehen. Da jage ich Mäuse doch lieber, als dass ich wie blöd auf ihnen herumklicke. Ein Computer wird mich erst dann interessieren, wenn man damit Futter aus dem Internet herunterladen kann. Da fällt mir ein, ich habe seit zwei Stunden nichts gegessen. Hallo? Ich bin hier! Es gibt mich noch! Hey, bist du in Gehirnstarre verfallen? Ich habe Hunger!

3. Juli

31. Tag in Gefangenschaft

Heute ist der erste Tag vom Sommerschlussverkauf, und mir ist das so was von egal. Ich persönlich wechsele ja nur zweimal im Jahr den Pulli. Ich habe ein Sommerfell und ein Winterfell, und ich muss zugeben, ich bin ein kleines bisschen konservativ. Ich mag mein schwarzes Fell, auch wenn es laut einiger hirnloser Zweibeiner Unglück bringen soll. Nie käme ich auf die Idee, meinen Look zu ändern, ein Tigermuster in Erwägung zu ziehen oder ein weißes Haarkleid, was ja viel zu schnell schmutzig würde, oder gar ein

Angorafell, viel zu altmodisch. Wenn also der Schlussverkauf beginnt, gönne ich mir ein langes Nickerchen.

4. Juli
32. Tag in Gefangenschaft

Uiuiui, ich kann mich nicht mehr auf den Pfoten halten, ich bin high, ich bin drauf, ich bin stoned.

Ich habe gerade Katzengras entdeckt. Der Wahnsinn, ich bin total hin und weg, ich will mehr davon, gebt mir mehr, ich will in ein ganzes Schwimmbecken voller Katzengras eintauchen, mich die ganze Nacht lang darin wälzen. Das ist wirklich das Wunderbarste, was ich jemals erlebt habe. Wie habe ich bisher nur ohne Katzengras leben können? Ich weiß nicht, ob ihr Menschen etwas vergleichbar Glückbringendes kennt, aber es würde mich wundern, wenn es für euch ein Kraut gäbe, das euch dermaßen euphorisch macht.

5. Juli
33. Tag in Gefangenschaft

Warum haben diese Idioten das Katzengras im Schrank versteckt? Wie soll ich den denn aufmachen? Ich brauche mehr, ich bin total süchtig.

Es bringt nichts, mit meinem Hinterteil gegen den Schrank zu schlagen, er will einfach nicht aufgehen. Und dabei kann ich es durch die Tür riechen, MEIN Gras, so betörend, so zart duftet es. Ich muss das Holz wohl mit meinen Krallen durchbohren.

Nach einer Stunde intensiven Kratzens ist die Tür immer noch heile.

Gibt es Entzugskliniken für von Katzengras abhängige Katzen? Ich glaube, ich habe da ein kleines Problem …

6. Juli

34. Tag in Gefangenschaft

Heute bin ich mit einer existenziellen Frage im Kopf aufgewacht: Haben Katzen einen Gott? Und wenn ja, wie sieht er aus?

Was den Teufel betrifft, den kann ich mir mühelos in Gestalt eines Tierarztes vorstellen. Aber Gott?

Ich habe den Familienhund dazu befragt. Der hat mir die dämlichste Antwort auf der ganzen Welt gegeben: Mein Herrchen ist mein Gott.

Da weiß man doch nicht, ob man jetzt lachen oder sich vor diesem Sklaven auf vier Pfoten übergeben soll. Ich habe jedenfalls weiter über die Frage nachgedacht und bin zu folgendem Schluss gekommen: Wenn es einen Katzengott gäbe, dann würde er nach Katzengras duften, könnte über das Wasser in der Badewanne gehen, hätte die Macht, Dosenfutter zu vervielfachen, und wäre so mutig, dass nicht einmal ein Staubsauger ihm Angst machen könnte. Und natürlich würden alle Katzen ihn verehren. Nein, ich mache nur Spaß, haben Sie jemals eine Katze gesehen, die irgendjemanden verehrt?

7. Juli

35. Tag in Gefangenschaft

Ich frage mich, ob ich nicht gegen Menschen allergisch bin. Es gibt ja Menschen, die allergisch gegen Katzen sind. Es ist ganz einfach, sobald sich mir ein Mensch nähert, um mich zu streicheln, fange ich an zu zittern und mir wird übel. Ganz eindeutige Symptome, oder?

8. Juli

36. Tag in Gefangenschaft

Regel Nr. 1: Katzen entschuldigen sich nie. Das überlassen sie den Hunden.

Regel Nr. 2: Katzen befolgen keine Regeln, außer Regel Nr. 1.

9. Juli
37. Tag in Gefangenschaft

Ein für alle Mal, wann kriegen Sie endlich in Ihren Schädel, dass ich kein Kuscheltier bin? Ich bin der Engel des Bösen, ich bin Attila. Würden Sie auf die Idee kommen, zu Wladimir Putin zu gehen und zu sagen: »Komm, mein Kleiner, lass dich tätscheln!«?

Nein? Dann würden Sie ja auch in einem Gefängnis des russischen Geheimdienstes landen. Nun gut, bei mir gilt das Gleiche: NICHT STREICHELN*.

* Es sei denn, ich fordere ausdrücklich dazu auf (es ist mir ja peinlich, aber ich mag es, wenn man mir den Rücken krault).

10. Juli
38. Tag in Gefangenschaft

Liebes Tagebuch,

ich habe gerade herausgefunden, dass ich angeblich ein Haustier sein soll. Ja, Sie haben richtig gelesen: ein *Haustier*. Wofür halten die mich eigentlich? Für das Zimmermädchen in einer Stadtvilla, wo die bourgeoisen Herrschaften residieren? Ich, ein Haustier? Niemals

lasse ich mich zu einem Hausangestellten degradieren. Ich sehe mich vielmehr als enterbter Prinz, der Obdach bei ein paar Bettlern gefunden hat, die seiner nicht würdig sind.

So, jetzt ist es raus! Das »Haustier« macht jetzt ein Nickerchen, während es darauf wartet, dass seine »Herren« ihm sein Abendessen zubereiten. Also wirklich!

11. Juli

39. Tag in Gefangenschaft

Liste meiner Lieblingsschlafplätze:

- die Tastatur von Marcs Computer
- die Bademattе
- das Ledersofa
- Patapoufs Hütte
- Léas Kleiderschrank, da kann ich meine Haare auf ihren Kaschmirpullis verteilen
- die Schublade im Wohnzimmer, in der alle wichtigen Papiere liegen

Liste meiner Lieblingsbrechplätze: siehe oben …

Ich muss Ihnen etwas anvertrauen: Es ist nicht gerade glamourös, aber wir Katzen übergeben uns wirklich oft. Glauben Sie bloß nicht, wir tun das, weil wir Sie ärgern oder auf unsere Figur achten wollen. Stellen Sie sich vor, Sie müssten sich die Haare mit Ihrer Zunge waschen, dann werden Sie schon einsehen, dass es notwendig ist, ein paar Fellknäuel wieder herauszuwürgen. Das war eine Folge von

»Wie lerne ich meine Katze besser verstehen«. Wir sehen uns morgen wieder zur selben Zeit.

13. Juli

41. Tag in Gefangenschaft

Anscheinend fahren wir morgen alle zusammen in den Urlaub. Ich bin nicht sicher, was genau das bedeutet, aber ich habe dabei ein ungutes Gefühl. Momentan sind alle in der Familie damit beschäftigt, ihre Sachen in großen Koffern zu verstauen. Ich liebe Koffer, die machen noch mehr Spaß als Handtaschen. Ich liebe es, alles wie wild daraus hervorzuzerren und es mir dann in der Lederhöhle bequem zu machen. Hoffentlich haben sie auch an meine Sachen gedacht:

– mein Bett
– meine Toilette
– mein Spielzeug
– genießbares Futter
– noch mehr genießbares Futter
– den Flachbildfernseher
– das Sofa

Habe ich schon das Futter erwähnt?

14. Juli

42. Tag in Gefangenschaft

Was soll dieser Mist?!? Entschuldigen Sie meine Ausdrucksweise, aber wenn man Sie seit fünf Stunden in einem Plastikkäfig auf der Rückbank gefangen hielte, umzingelt von einem Teenager und einem Kind, das genauso aufgeregt ist wie ein angeleinter Hund, dann lägen bei Ihnen auch die Nerven blank. Mein Gott, was für eine lange, langweilige Fahrt! Die reinste Tortur. Wenn sie noch einmal die CD von Jean-Jacques Goldman einlegen, dann uriniere ich ins Auto. Nur damit sie Bescheid wissen!

15. Juli

43. Tag in Gefangenschaft

Was soll dieser Sch[redacted]?!? Entschuldigen Sie nochmals meine Ausdrucksweise, aber wir sind gerade nach acht Stunden Autofahrt angekommen, und zwar in einer Ruine, die sich »Landhaus« nennt.

Was das Land angeht, das sehe ich, die Zivilisation ist weit entfernt, aber kann man das hier wirklich als Haus bezeichnen? Diese Bruchbude aus Stein, ohne Komfort und ohne Mobiliar (mal abgesehen von dem alten abgewetzten Sofa, das schon seit der Französischen Revolution im Familienbesitz sein muss) stinkt genauso wie mein Katzenklo nach drei Tagen. Wir sind nicht fünfhundert Kilometer Auto gefahren, wir sind fünfhundert Jahre in die Vergangenheit gereist. Ich fühle mich wie in einem Remake von *Die Besucher*.

Marc und Séverine scheinen sich allerdings zu freuen. Sie loben die frische Luft und die Natur in den höchsten Tönen. Léa hingegen teilt diese Begeisterung ebenso wenig wie ich, vor allem, seit sie entdeckt hat, dass sie hier kaum Handyempfang hat.

20. Juli

48. Tag in Gefangenschaft

Und so was nennt sich Urlaub? Also ich nenne das die Hölle! Seit fünf Tagen arbeite ich nun daran, meine Duftmarke in alle Ecken dieser Einfamilienruine zu setzen. Und das, wo ich doch bequem auf meiner Lieblingsfensterbank liegen und dösen könnte, während mir die Sonnenstrahlen zärtlich über das Fell streichen. Wenn das so weitergeht, sehe ich keinen anderen Ausweg, als mich beim Tierschutzverein zu beschweren.

25. Juli

53. Tag in Gefangenschaft

In Augenblicken wie diesem bedauere ich es, dass ich weder den Führerschein noch ein geladenes Gewehr besitze. Seit einer Woche bibbere ich nun schon auf diesen alten kalten Steinen. Es ist mitten im Sommer, und ich erfriere. Ich hocke in dieser Ruine und grübele über meine Langeweile nach, begleitet von Léa, die auch immer deprimierter wird, während der Rest der Familie im Wald mit Patapouf spazieren geht, der sich natürlich hervorragend amüsiert.

26. Juli

54. Tag in Gefangenschaft

Was soll am Land so besonders sein? Ehrlich, ich verstehe das nicht. Ich bin eine Stadtkatze, eine *citizen cat*, und ich langweile mich in der Natur zu Tode. Außerdem machen mir die Tiere hier auch ein bisschen Angst. In der Stadt jage ich gern den Vögeln hinterher, aber hier auf dem Land sind die viel größer als ich, legen Eier und fürchten mich nicht, was mich zugegebenermaßen ziemlich kränkt.

Von den Kühen ganz zu schweigen, die sind riesig und total unkommunikatziv. Haben Sie schon mal versucht, mit einer Kuh zu reden? Tun Sie's nicht. Die haben nur Stroh im Kopf. Patapouf ist das reinste Genie im Vergleich zu ihnen. Und so was ist in Indien heilig!

27. Juli
55. Tag in Gefangenschaft

Ein Universum, acht Planeten, 192 Länder, 18 047 Inseln, 85 Meere … Warum muss ich meine Ferien in diesem Rattenloch verbringen?

31. Juli
59. Tag in Gefangenschaft

Ich habe mich noch nie so darüber gefreut, in ein Auto einzusteigen! Ich kann Ihnen versichern, diesmal musste mir niemand hinterherrennen, um mich einzufangen. Ich lag schon seit drei Tagen abfahrbereit in meinem Plastikkäfig.

Hach! Was für eine Freude hier im Auto, acht Stunden im Warmen, eine wunderbare CD von Jean-Jacques Goldman läuft, und gemächlich rollen wir auf unser Zuhause zu …

3. August
62. Tag in Gefangenschaft

Ich habe gerade heimlich Patapoufs Tagebuch gelesen. Ich weiß, es ist falsch, aber ich kann dem Drang nicht widerstehen, Ihnen einen kurzen Auszug davon zum Besten zu geben. Sie werden sehen, Marc Levy bekommt bald Konkurrenz:

Montag: Wir haben »Hol das Stöckchen« gespielt. Ich liebe meine Herrchen.

Dienstag: Wir haben einen schönen Spaziergang durch den Park gemacht. Ich liebe meine Herrchen.

Mittwoch: Ich habe einen Knochen gefressen. Ich liebe meine Herrchen.

Donnerstag: Sie fehlen mir, wenn sie nicht da sind. Ich liebe meine Herrchen.

Freitag: Sie haben mir ein neues Spielzeug gekauft. Ich liebe meine Herrchen.

Ich erspare Ihnen den mitreißenden Bericht über sein Wochenende, aber es wird Sie nicht überraschen, dass er auch da seine Herrchen liebt. Sterbenslangweilig. Das macht mich fertig. Und bei so viel Unterwürfigkeit wird mir ganz schlecht. Doch was am schlimmsten ist: Er erwähnt mich überhaupt nicht!

Stellen Sie sich vor, Watson würde in seinem Tagebuch nie von Sherlock Holmes schreiben, Madame Pasteur nie ihren Ehemann erwähnen! Dieser Idiot von einem Hund hat das Glück, seinen Alltag mit einem außergewöhnlichen Kater zu teilen, und das ist ihm nicht einmal bewusst!

14. August

73. Tag in Gefangenschaft

Sonntag, elf Uhr morgens, Zimmertemperatur neunzehn Grad. Ich bin bereit für einen der gewagtesten Einsätze in meiner jungen Laufbahn. Ich schleiche mich in die Küche, wo Séverine die Schreckliche mit ihrer Schwiegermutter das Essen zubereitet. Ich muss sie unbedingt aus dem Gebiet vertreiben.

Sun Tzu empfiehlt in seinem Buch *Die Kunst des Krieges* – das ich ein Dutzend Mal gelesen habe –, die Schwächen seines Feindes auszunutzen. Ich muss also eine Ablenkung herbeiführen. Auf ins Wohnzimmer, wo ich die hässliche Vase vom Couchtisch reißen kann.

Drei, zwei, eins, null, die Vase fällt. Die beiden Frauen stürmen ins Wohnzimmer. Ich habe genau zehn Sekunden, um in die Küche zu laufen, auf die Arbeitsplatte zu springen, die Hühnerkeule zu schnappen und mich dann unterm Bett zu verkriechen, wo ich sie in aller Ruhe verspeisen kann. Auftrag erfolgreich ausgeführt! Meine strategischen Fähigkeiten sind einfach unübertrefflich. Einziger winzig kleiner Haken … Ich hätte warten sollen, bis das Hühnchen gar gewesen wäre.

23. August

82. Tag in Gefangenschaft

Liebes Tagebuch, heute bin ich ein Jahr alt. Ich gebe Ihnen einen Moment, damit Sie mir ein Ständchen singen und Päckchen abschicken können. Der Verlag sendet sie mir dann zu.

Fertig? Hatten Sie genug Zeit? Also gut, weiter geht's. Ein Jahr ist es schon her, dass ich und meine drei Brüder und zwei Schwestern geboren wurden.

Ich frage mich, was wohl aus ihnen geworden ist. Mir liegt nicht besonders viel an Familie. Wir kannten uns auch nicht lange genug, als dass sich wirklich enge Bande zwischen uns hätten entwickeln können. Vielleicht haben sie es ja besser erwischt als ich. Vielleicht wohnen sie in einem Schloss und bekommen nur das hochwertigste Fleisch zu fressen (und kein Trockenfutter). Glückspilze!

Jedenfalls bin ich sicher, dass man ihnen zum Geburtstag gratuliert hat. Bei mir war das nämlich nicht der Fall. Die gesamte Familie ist spazieren gegangen, als wenn nichts wäre, und hat mich mit meinem alternden Körper und meiner unermesslichen Traurigkeit allein zurückgelassen.

»Familien, ich hasse euch.«
André Gide, Auszug aus *Die Früchte der Erde*.

»Familie, ich hasse euch noch mehr.«
Edgar, der Kater, Auszug aus dem Bestseller *Ein Katerleben: Edgars geheime Tagebücher*.

24. August
83. Tag in Gefangenschaft

Familie, ich liebe euch! Liebes Tagebuch, das muss ich dir unbedingt erzählen. Gestern Abend, ich wollte mich gerade in all meinem Elend ins Wohnzimmer schleppen, da ging plötzlich das Licht an, und meine Familie sang aus vollem Halse (und übrigens total schief) »Happy Birthday, Edgar!«, in den Händen eine Dose gutes Futter (nicht light) mit einer Kerze darauf und Geschenke zum Auspacken.

Ich zähle meine Geschenke hier jetzt nicht auf. Die sind allesamt belanglos. Was ich an Geschenken so gern mag, sind die Verpackungen, das Papier, die Schachteln. Damit habe ich die halbe Nacht lang gespielt. Vielen Dank, Familie!

PS: Liebe Leser, ich habe immer noch nicht Ihre Geschenke erhalten. Entweder hat der Verlag sie selbst behalten (was mich auch nicht sonderlich überraschen würde), oder der Postbote hat Angst vor Patapouf und traut sich nicht, sie zu liefern. Es sei denn – aber das würde mich doch sehr wundern –, Sie haben mir nichts geschickt!

1. September

91. Tag in Gefangenschaft

Hinter diesem gut aussehenden Kater, dessen Prosa Sie hier mit solchem Genuss lesen, verbirgt sich ein echter Wissenschaftler. Um das zu beweisen, habe ich mir heute folgende Mission auferlegt: Ich werde Isaac Newtons Gravitationsgesetz überprüfen. Wie ja jeder weiß:

$$\Delta U_{potentielle} = \int_{\infty}^{R} \vec{F} \cdot d\vec{l} = \int_{\infty}^{R} \frac{-GMm}{r^2} dr \cdot \vec{u}_r \cdot \vec{u}_r = GMm \int_{\infty}^{R} \frac{-dr}{r^2} = GMm \left[\frac{1}{r}\right]_{\infty}^{R}$$

Ich werde Sie nicht beleidigen und Ihnen diese kinderleichte Gleichung erklären, die ja selbst Patapouf schneller lösen könnte, als dass er sein Stöckchen holt.

Nein, heute Morgen habe ich mir die Schwerkraft im Haushalt vorgenommen. Ich habe Marcs Brille, Séverines Handy, Léas iPad und Rodolphes Spielkonsole fallen lassen.

Dabei bin ich zu folgender wissenschaftlicher Erkenntnis gelangt: Massepunkte werden vom Boden angezogen, gehen kaputt, und dann schreien die Menschen. Quod erat demonstrandum.

5. September
95. Tag in Gefangenschaft

Bitte sehr, tun Sie sich keinen Zwang an! Sie sehen doch, dass ich gerade auf meiner Katzentoilette hocke. Ich möchte Sie bitten, dieses Kapitel mit geschlossenen Augen zu lesen, damit ich wenigstens ein Minimum an Privatsphäre bewahren kann. Und, sind die Äuglein zu? Weiter geht's.

Was kann ich Ihnen über meinen Tag erzählen? Außer, dass ich einen großen Teil davon in meiner Toilette verbracht habe. Das ist der einzige Ort, wo ich am Wochenende wirklich meine Ruhe habe.

Sie müssen sich gar nicht die Nase zuhalten und angeekelt tun. Die Streu wurde gerade erst gewechselt, und der Sand ist viel sauberer als der von *Paris Plage*. Das können Sie mir glauben. Es ist übrigens Zeit für meine Siesta. Da träume ich mich an den Strand der Copacabana.

8. September
98. Tag in Gefangenschaft

Meerkatzen! Gibt es eine Tierart, die seltsamer aus der Wäsche guckt als Meerkatzen? Was für ein Affront, uns mit diesen Baumkletterern in Verbindung zu bringen! Von wegen, sie sehen uns ähnlich, ihr Backenbart hat rein gar nichts mit unseren Schnurrhaaren gemeinsam, und ihr Schwanz ist längst nicht so elegant wie unserer.

Ich habe gute Lust, gemeinsam mit meinen Artgenossen Beschwerde gegen diese Hochstapler-Äffchen einzulegen. Sollen sie sich doch einen anderen Namen zulegen! Keine Ahnung, was für einen, da gibt's doch genug Alternativen im Affenreich. Sie sollen bloß aufhören, sich ständig als unsereins auszugeben.

9. September
99. Tag in Gefangenschaft

Manchmal langweile ich mich so sehr, dass ich mir Freunde einbilde, die mir dann Gesellschaft leisten. Das Problem ist nur, dass ich mich immer sehr schnell mit ihnen zerstreite. Bin ich wirklich so wenig gesellschaftsfähig?

Ich warte auf Ihre Antwort … Oder nein, Sie brauchen mir nicht zu antworten. Sie halten schließlich ein Buch in den Händen, kein iPhone. Ich habe wirklich ein extrem feines Gehör, aber zu behaupten, dass ich es hören kann, wenn Sie in Ihrem Vororthäuschen etwas sagen, würde doch zu weit gehen.

Was? Was sagst du da, unsichtbarer Freund? Ach, du regst mich auf! Geh zurück in deine Fantasiewelt, es ist sowieso höchste Zeit, dass ich ein Nickerchen mache.

15. September
105. Tag in Gefangenschaft

Es ist entschieden, ich werde nicht mehr zu den Katzen gehören, die Unterhalt beziehen. Ich werde mich ins Zeug legen und mir eine Arbeit suchen, damit ich unabhängig sein kann.

Erster Schritt: Lebenslauf erstellen.

Edgar (genannt »Miezekatze«)

Adresse: im Haus, neben der Heizung

Alter: sechs Monate (na gut, geschummelt)

E-Mail: edgar.mieze@ich-habe-keine-mailadresse.com

Studium: Autodidakt

Berufliche Erfahrungen: im Werden begriffen

Eigenschaften: schön, klug, sogar sehr klug, jedenfalls um einiges klüger als Sie. Und bescheiden.

Hobbys: jagen, essen, schlafen.

Voilà, fertig, jetzt muss ich mich nur noch um eine Stelle als Vorkoster in einem Feinkostladen bewerben, zum Beispiel bei Fauchon oder Lenôtre.

17. September
107. Tag in Gefangenschaft

Nimm mir meinen Schlaf und ich nehme dir dein Leben.

Eine Warnung, die ich gern über meinem Schlafplatz anbringen lassen würde. Was geht eigentlich in den Köpfen der Zweibeiner vor, wenn sie eine Katze friedlich schlafen sehen? Wie können sie auch nur eine Sekunde lang denken, dass es eine gute Idee ist, uns mitten im Schlaf zu stören? Glauben sie wirklich, dass ihre Streicheleinheiten nicht ein oder zwei Stündchen warten können?

Da ich Anhänger des Prinzips »Auge um Auge, Zahn um Zahn« bin, habe ich es mir seit einer Woche zur Aufgabe gemacht, Marc und Séverine jede Nacht aufzuwecken. Sobald sie in Morpheus' Armen ruhen, springe ich zu ihnen aufs Bett und knabbere an ihren Ohren, und das so in etwa einmal pro Stunde. Das Ergebnis hat nicht auf sich warten lassen. Sie sind jetzt so erschöpft, dass sie mich in Frieden schlafen lassen.

18. September

108. Tag in Gefangenschaft

Liebes Tagebuch, seit es ununterbrochen regnet, habe ich den Eindruck, dass die Küchentür aufgequollen ist. Ich komme kaum noch durch meine Katzenklappe, und das, obwohl ich vor ein paar Wochen noch problemlos hindurchschlüpfen konnte. Das gleiche sonderbare Phänomen ist auch bei meinem Bettchen aufgetaucht. Mein Hinterteil ragt mittlerweile über mein Kissen hinaus. Ist das Kissen etwa beim Waschen eingelaufen? Durchaus möglich … Ich wüsste auch nicht, wie ich es mir sonst erklären sollte.

19. September

109. Tag in Gefangenschaft

Manchmal würde ich gern als Krake wiedergeboren werden, dann könnte ich allen Familienmitgliedern der Trottels zugleich eins hinter die Löffel geben. Weil sie ungerechtfertigterweise meinen, ich hätte zu sehr zugenommen, seit ich bei ihnen bin – wie albern, ungehobelt, gemein, willkürlich –, hat diese Horde Tierquäler einstimmig beschlossen, mich auf Diät zu setzen. Lasst es euch nur gesagt sein, Rabenfamilie, ihr Folterknechte in meinen eigenen vier Wänden, ich habe nicht zugenommen, ich bin nur etwas fülliger geworden.

Da sitze ich nun also vor einem entsetzlichen Futternapf mit Light-Trockenfutter, das so fade ist wie eine Unterhaltung zwischen zwei Teilnehmern einer Reality-Show. Ich fühle mich schon ganz schwach, gleich falle ich in Ohnmacht, genau hier auf den kalten Küchenfliesen werde ich jämmerlich vergehen. Lebewooohl!

Nun gut, da niemand hier ist, um meine ausgezeichnete Todeskampf-Darbietung à la Shakespeare mitzuerleben, fresse ich eben mein Trockenfutter und gehe schlafen.

20. September
110. Tag in Gefangenschaft

Der zweite Tag meiner Diät, der zweite Tag meiner Depression. Liebes Tagebuch, machen wir uns nichts vor, ich esse gern. Morgens, mittags, abends und sogar nachts. Und da ich ein kultivierter Kater bin, mag ich am liebsten Fleisch in Soße, dazu nicht zu viel Gemüse, dafür aber schön fettig. Da muss ich Ihnen nicht lange erklären, wie schwer diese Trockenfutter-light-Diät für mich zu ertragen ist.

21. September
111. Tag in Gefangenschaft

Léa lernt gerade für ihren Englischkurs. Ich habe nie verstanden, warum eine Spezies wie die Ihre, die angeblich so hoch entwickelt sein soll (woran ich allerdings so meine

Zweifel habe, nachdem ich so viel Zeit mit Ihnen verbracht habe!), nicht überall die gleiche Sprache spricht.

Wenn ich wollte, was jedoch ganz und gar nicht der Fall ist, könnte ich mich stundenlang mit einer Birmakatze, einer Norwegischen Waldkatze oder einer Winkekatze unterhalten. Wie kommt es, dass Sie alle unterschiedliche Sprachen sprechen? Wollen Sie sich damit das Leben schwer machen? Es vermeiden, zu viel miteinander kommunizieren zu müssen? Stellen Sie sich vor, die Nachbarkatze (dieses fürchterliche rot getigerte Exemplar) spräche nicht die gleiche Sprache wie ich. Wie sollte ich sie dann jedes Mal beleidigen und beschimpfen, wenn sie sich mit ihren dreckigen Pfoten auf mein Territorium vorwagt? Kommunikatzion ist wichtig. Wenn sie sich einander nicht verständlich machen können, wie sollen die Menschen sich dann alle liebhaben und ihre Kriege beenden?

22. September
112. Tag in Gefangenschaft

Heute ist Herbstanfang. Die Jahreszeit, die ich am meisten verabscheue.

Im Sommer bin ich wie eine Sonnenblume, ich gehe von Zimmer zu Zimmer und folge den Sonnenstrahlen. Im Winter liege ich gern auf den kuschelig warmen Heizkörpern oder neben dem Kamin. Aber der Herbst ist so ein komisches Zwischending, da ist es kalt und feucht. Wir sollten

wirklich ernsthaft in Erwägung ziehen, diese Jahreszeit aus dem Kalender zu streichen. Wir befinden uns immerhin im einundzwanzigsten Jahrhundert, da ist es doch höchste Zeit, dass wir die Jahreszeiten weiterentwickeln. Zum Beispiel sollten wir eine Rakete losschicken, die die Sonne der Erde um ein paar Kilometer näherbringt.

29. September

119. Tag in Gefangenschaft

Liebe Leser, ich habe beschlossen, Ihnen eins meiner sündhaften Vergnügen zu gestehen. Ich beobachte gern vom Fenster aus die Nachbarn.

Stundenlang könnte ich ausspionieren, was sie so treiben. Und ich will Ihnen auch nicht den neuesten Klatsch und Tratsch aus der Nachbarschaft vorenthalten. Aber das bleibt natürlich unter uns …

Die ältere Dame aus Hausnummer 23 trennt nie den Müll; die Nachbarin von nebenan bekommt jeden Vormittag Besuch von einem Mann mit Kappe in einem gelben Auto, der ihr Briefe vorbeibringt (wahrscheinlich Liebesbriefe); das junge Paar am Ende der Straße streitet sich andauernd wegen seiner Kinder. Was die Nachbarkatze betrifft, die ist hundertpro schwachsinnig, und wenn sie noch einmal ihre dreckigen Pfoten auf mein Territorium setzt, dann kann sie was erleben! Voilà, jetzt wissen Sie alles. Ich überlasse die Straßenüberwachung jetzt Ihnen, mein Nickerchen ist wohlverdient.

5. Oktober

125. Tag in Gefangenschaft

Es ist von enormem Vorteil, so klug und neugierig zu sein wie ich, denn so finde ich in diesem tristen Haushalt jeden Tag etwas Neues zum Spielen.

Nachdem ich die Freuden des Versteckspielens im Wäschekorb für mich entdeckt hatte – wobei ich jeden zu Tode erschreckte, der ihn aufmachte –, habe ich heute Morgen das nächste faszinierende Spielzeug aufgetan: den Wasserhahn. Im Haus gibt es Wasserhähne in allen Variationen, Mischbatterien, Absperrklappen, Wasserhähne zum Drücken … Ich mache sie gern auf und gucke zu, wie das Wasser herausläuft. Das ist nicht nur lustig, es entspannt mich auch ungemein und bringt mich auf andere Gedanken.

Wenn ich so zusehe, wie das Wasser in Strömen fließt, dann fühle ich mich wie ein Forscher, der auf Expedition die Victoriafälle entdeckt.

11. Oktober
131. Tag in Gefangenschaft

Liebes Tagebuch, ich schreibe mit feuchter Pfote vom Küchentisch aus, auf dem ich Zuflucht gesucht habe. Die reinste Katzastrophe! Ich habe das Gefühl, ich wäre auf der *Titanic*, wenn auch ohne das Orchester. Im ganzen Haus steht das Wasser zwanzig Zentimeter hoch. Nicht ein Zimmer wurde von den Fluten verschont! Ich habe Angst, ich hasse Wasser. Patapouf, der Idiot, der amüsiert sich köstlich, und der Gestank nach nassem Hund macht alles nur noch schlimmer. Falls Noah mich hört, soll er bitte mit seinem Arche-Bus anrücken, hier geht nämlich gerade die Welt unter.

Wie konnte es nur zu diesem Desaster kommen? Eine sehr gute Frage. Ich hoffe jedenfalls, das hat nichts mit meiner neu entdeckten Leidenschaft für Wasserhähne zu tun … Möglicherweise habe ich heute Vormittag etwas übertrieben.

15. Oktober
135. Tag in Gefangenschaft

Ich habe zahlreiche Briefe von Ihnen erhalten (ich stehe zu meinem krankhaften Lügenproblem), in denen Sie mich fragen, ob Katzen träumen. Die Antwort ist ja.

[…]

Ach, Sie wollten mehr Einzelheiten? Das ist ziemlich persönlich, aber ich erzähle Ihnen meinen letzten Traum. Ich lief über eine riesige mit Katzengras bedeckte Wiese, auf der Bäume standen, die aber überdimensionale gegrillte Hühnerkeulen waren (zugleich zart und knusprig, die reinste Gaumenfreude!), die Vögel über mir flogen ganz tief und langsam, und ausnahmsweise konnte ich sie fangen und verspeisen. Durch die Wiesen floss ein Milchbach (nicht entrahmt), und darin schwammen schon gebratene Lachse.

Das war mein Traum. Keine Ahnung, wie Freud den analysieren würde, wahrscheinlich würde er daraus folgern, dass ich eventuell eine kleine Naschkatze bin.

20. Oktober
140. Tag in Gefangenschaft

Genau wie Superman, Batman und die X-Men haben auch wir Katzen übernatürliche Kräfte. Wir hören zehnmal besser als Sie (wenn Sie schon alt sind, dann sogar hundertmal besser), unsere Schnurrhaare sind ein aufs Äußerste perfektionierter Radar, und vor allem können wir im Dunkeln sehen!

Nun ja, in der freien Wildbahn ist das vielleicht ganz nützlich, aber in meinem Fall bringt es sehr wenig, dass ich im Dunkeln sehen kann. Wozu sollte ich mir angucken, wie Marc in seinem Bett liegt und schnarcht, wie Léa heimlich SMS an ihren aktuellen Freund schreibt oder wie Patapouf scheeläugig und mit Speichel vorm Maul in seinem Körbchen liegt? Das wäre doch irgendwie, als würde Superman seine Laseraugen dazu einsetzen, sich eine Scheibe Brot zu toasten.

31. Oktober

151. Tag in Gefangenschaft

Seit ich in dieser Familie lebe, arbeitet der Ethnologe in mir daran, Darwins Evolutionstheorie komplett zu widerlegen.

Wie kann sich eine angeblich hoch entwickelte Spezies dermaßen daran erfreuen, sich selbst Angst einzujagen? Was soll diese Halloween-Feierei? Wenn es zwei Dinge gibt, die ich über alles verabscheue (ohne die 158 897 475 anderen dazuzuzählen, eine Auflistung findet sich im Anhang), dann sind es Verkleidungen und Angst haben.

Der kleine Rodolphe wird niemals den Tag vergessen, an dem er versuchte, mich mit einem schwarzen Cape auszustaffieren und als Zorro zu verkleiden. Ich habe ihm mit meinen Krallen ein Z auf der Brust verpasst. Was mir allerdings am meisten Angst einjagt, mir geradezu Albträume bereitet, ist die Vorstellung, nicht genug Futter zu haben. Katzen sind wie Frauen, sie vergessen nie. Liebe Leser, darüber lasse ich Sie jetzt ganz in Ruhe nachdenken.

2. November

153. Tag in Gefangenschaft

Anmerkung für später: Nie wieder Katzengras und Yuccapalme verwechseln. Dabei hätte ich es mir doch denken können. Es roch ganz anders und sah auch anders aus, wieso habe ich also von den Blättern der Yuccapalme gegessen? Habe ich wirklich solche Entzugserscheinungen vom Katzengras? Ich glaube, ja.

5. November

156. Tag in Gefangenschaft

Eine Leine, um mit mir im Park spazieren zu gehen? Wie demütigend!

Ich berufe mich auf Victor Schœlcher und Aimé Césaire: Hört auf, arme kleine Katzen wie mich in Ketten zu legen! Wie ein gewöhnlicher Köter ein Halsband zu tragen und die spottenden Blicke wilder Katzen auf sich zu spüren, sich von schadenfrohen, dahergelaufenen Mischlingen als Oma-Pudel beschimpfen zu lassen … was für eine Blamage!

Von wegen, das macht Spaß. Ich hasse den Park. Der neben unserem Haus erinnert mich nur an *Jurassic Park*. Lauter sonderbare und furchterregende Tiere hausen dort: fette dumme Vögel mit platten Schnäbeln, die sich Enten nennen, Schwäne, die genauso prätentiös (und freundlich) sind wie Pariser Kellner, unangenehme große Hunde und dann noch diese sich albern fortbewegende andere Spezies im schrillen Lycra-Outfit: die Jogger.

10. November

161. Tag in Gefangenschaft

Also jetzt treiben sie es wirklich zu weit mit ihren Dummheiten. Meiner Familie ist nichts Besseres eingefallen, als einen Kanarienvogel anzuschaffen. Ein Vogel, bei uns im Haus! Und, wie könnte es anders sein, ich durfte einen zehnminütigen Vortrag zu Verhaltensregeln über mich ergehen lassen:

– Jojo keine Angst einjagen.
– Nicht auf Jojos Käfig springen.
– Jojo nicht anstarren.
– Und vor allem Jojo nicht verspeisen.

Das ist doch, als würde man von einem ausgehungerten Mann verlangen, sich nicht auf ein Steak mit fettigen

Pommes zu stürzen. Oder als würde man von einem Typen, der nach zehn Jahren aus dem Gefängnis entlassen wird, erwarten, sich nicht auf eine verführerische Blondine einzulassen, oder meinetwegen auch von einem Politiker, nicht zu lügen!

Und dieser Vogel, der ebenso gelb wie provokatziv ist, der glotzt mich jetzt von seiner Stange aus an, ja verspottet mich geradezu. Ich höre doch, wie er leise singt: »Du kriegst mich nicht, du bist gar kein richtiger Jäger.«

Ich koche vor Wut.

11. November
162. Tag in Gefangenschaft

Ich kann einfach nicht schlafen, die Anwesenheit dieses unglückseligen Federviehs macht mich wahnsinnig! Ich höre, wie es dämlich piepst. Und ich darf es nicht einmal anfassen. Allerdings wurde mir nie offiziell verboten, ihm »aus Versehen« meinen Futternapf an die Gitterstäbe zu werfen.

Rums! Oh, verflixt, der Käfig fällt um. Ja, ja, man wird wieder mir die Schuld zuschieben, Sie werden schon sehen.

Oje, der Kanarienvogel entwischt aus dem Fenster. Na, den wären wir los.

Allerdings sollte ich mich jetzt besser im Kleiderschrank verstecken und mich ein paar Stunden lang nicht blicken lassen.

12. November
163. Tag in Gefangenschaft

Herr Richter, ich bin unschuldig! Dieses Gericht wird einen armen wehrlosen Kater zu Unrecht verurteilen, das ist ein Justizirrtum.

Sie bezichtigen mich, den Vogel der Familie verspeist zu haben? Zuerst möchte ich die Versammlung darauf hinweisen, dass es sich bei einem Vogel keinesfalls um ein Haustier handelt, allerhöchstens um ein Appetithäppchen. Und kann ein Appetithäppchen etwa ernsthaft als Familienmitglied angesehen werden? Warum dann nicht auch gleich eine Salami oder Erdnüsse?

Diese Verhandlung ist höchst ungerecht, ein stalinistischer Prozess. Ich werde nicht einmal von einem Anwalt vertreten! Sie sind dabei, einen Unschuldigen zu verurteilen. Schämen Sie sich.

Des Weiteren möchte ich Euer Ehren darauf aufmerksam machen, dass ich ein durch und durch wasserdichtes Alibi habe. Zum Zeitpunkt des Verschwindens von besagtem Jojo, dem Kanarienvogel, machte ich gerade ganz friedlich ein Nickerchen am anderen Ende des Hauses. Das könnten Sie auf den Aufnahmen der Überwachungskameras feststellen, wären Sie so schlau gewesen und hätten vorher welche angebracht!

Ich persönlich bin davon überzeugt, dass Jojo, der Kanarienvogel, von einer al-Qaida-Terrorzelle entführt wurde und dass wir schon bald eine Nachricht der Entführer erhalten werden.

Lassen Sie meinen Zeugen, den treu ergebenen Patapouf, vortreten. Heb die Pfote und sag »ich schwöre«. Nein, ich will nicht spielen. Hör auf, mich abzuschlecken! Also wirklich, dieser Hund ist so ein Idiot!

Wie bitte? Des Mordes schuldig? Sechs Monate lang kein Katzengras? Dieses Urteil erkenne ich nicht an, ich werde beim internationalen Gerichtshof Berufung einlegen.

Sagen Sie mal, Euer Ehren … Entweder ist das da Jojos Geist auf dem Sims vorm Küchenfenster, oder Sie werden sich in aller Form bei mir entschuldigen müssen.

25. November

176. Tag in Gefangenschaft

Ich sage nie »Guten Morgen«, denn ich weiß genau, dass Sie mir das nicht abnehmen würden. Ich hasse den Morgen. Ich kann ihn auf den Tod nicht leiden.

Warum?, werden Sie mich mit vorwurfsvollem Unterton fragen. Du bist doch ein kleiner Kater, musst nicht arbeiten, nicht zu einem bestimmten Zeitpunkt irgendwo sein, hast keine Verpflichtungen, ziehst keine Kinder groß …

Erst einmal herzlichen Dank, dass Sie mir die Laune verdorben haben. Ja, ich weiß, wie nutzlos ich in sozialer

Hinsicht bin. Und ich mag den frühen Morgen deswegen nicht, weil es da im Haus so hektisch zugeht.

Séverine ruft nach Rodolphe, der immer noch nicht aufgestanden ist, obwohl der Schulbus in zehn Minuten kommt, es wird diskutiert, weil Léa mal wieder zu lange im Bad braucht, und dieser Idiot von einem Hund bellt nach seinem morgendlichen Spaziergang.

Da will ich nur noch eines tun, mir Ohropax in die Ohren stopfen und auf der Stelle wieder einschlafen. Nur leider gibt es keine passenden Modelle für meine majestätischen Katzenohren, diese wahrhaftigen Parabolantennen, um die mich selbst die CIA beneidet.

Jetzt, wo der allmorgendliche Tornado vorübergezogen ist, lege ich mich wieder hin und wünsche Ihnen immer noch keinen guten Morgen.

27. November

178. Tag in Gefangenschaft

Wenn ich mich langweile, dann esse ich.

Wenn ich mich freue, dann esse ich.

Wenn ich traurig bin, dann esse ich.

Aber wehe, man sagt mir, ich sei verfressen, das ärgert mich nur, und wenn ich mich ärgere, dann esse ich.

2. Dezember
183. Tag in Gefangenschaft

Haben Sie schon mal von der »Schnurrtherapie« gehört? Das ist so eine verworrene Theorie, laut der das Schnurren einer Katze angeblich Angstgefühle und Stress bei Menschen lindert. Anscheinend fördert das sanfte Geräusch die Produktion des Glückshormons Serotonin, das sowohl den Schlaf-Wach-Rhythmus verbessert als auch die Stimmung hebt.

Seit Séverine einen Artikel darüber gelesen hat, fordert sie tägliche Schnurrsessions bei mir ein. Ich muss Ihnen wohl nicht erzählen, dass ich mich kategorisch weigere, ihr diese Freude zu machen, und das auch noch für umsonst. Wir Katzen haben eine Berufsethik, genau wie die Therapeuten. Wir machen nichts unentgeltlich. Jede zehnminütige Sitzung wird Séverine also mit einer zusätzlichen Dose Katzenfutter in Rechnung gestellt. Und das ist noch ein Freundschaftspreis, für Sie würde das fünfzig Euro kosten.

10. Dezember
191. Tag in Gefangenschaft

Was haben Julius Cäsar, Heinrich II., Karl XI. und Napoleon gemeinsam?

Wie, Sie geben schon auf? Das ist alles für die Katz? Ja, was denn? Also gut, stellen Sie sich das vor: Diese mäch-

tigen Männer hatten alle Angst vor Katzen. Und nicht zu Unrecht, denn wir sind wie der Wolf im Schafspelz, oder besser gesagt wie die Raubkatze im Kuscheltier-Look. Hinter unserer Plüschtierfassade verbirgt sich ein furchterregender, gefährlicher Fleischfresser …

Ich zum Beispiel bin ein wahrhaftiger Löwe. Genau wie der König der Tiere schlafe ich gern in der Sonne, während mein Weibchen für mich auf die Jagd geht. Nur dass ich kein Weibchen habe und auch ganz und gar nicht plane, mir eins zuzulegen.

15. Dezember

196. Tag in Gefangenschaft

Wie peinlich! Ich bin so eine Witzfigur. Wenn mich eben jemand gefilmt hätte, das Video hätte schon 500 000 Klicks auf *YouTube*. Ich traue mich kaum, es Ihnen zu erzählen. Vorhin habe ich eine Fliege am Wohnzimmerfenster entdeckt. Ich habe nur noch auf meinen Jagdinstinkt gehört, bin zum Fenster gestürzt, wollte die Fliege schnappen … und bin mit vollem Karacho gegen die Scheibe geknallt. Die Fliege saß außen am Fenster. Ich verbiete Ihnen, darüber zu lachen oder irgendjemandem davon zu erzählen!

20. Dezember

201. Tag in Gefangenschaft

Sind die jetzt vollkommen übergeschnappt? Warum schleppen die einen Baum ins Haus? Und verkleiden ihn wie einen Travestiten im Kabarett von *Chez Michou*?

Was sollen all diese bunten Kugeln und Girlanden?

Eigentlich ist es ja ganz lustig, das ist bestimmt ein neues Spielzeug für mich. Ziemlich nett, die Familie.

Ach, großartig! Ich werde ihn sofort erklimmen. Die Besteigung des Mont Tanne hat begonnen.

Und hopp, Vorsicht da unten!

Ach, wie ärgerlich, jetzt ist er umgefallen, und alle Kugeln sind kaputt.

Warum schreien mich auf einmal alle an? Jetzt übertreiben sie es aber. Da schenken sie mir ein Spielzeug, und ich darf mich nicht damit amüsieren.

25. Dezember

206. Tag in Gefangenschaft

Schlaflosigkeit ist furchtbar, ich bin mitten in der Nacht aufgewacht und konnte einfach nicht wieder einschlafen. Vielleicht hätte ich nicht den ganzen Tag schlafen sollen. Was war ich aber überrascht, als ich unter der verkleideten

Tanne all die mit bunten Bändern verschnürten Päckchen entdeckt habe! Ich muss schon sagen, auch wenn ich immer mal wieder etwas an meiner Familie auszusetzen habe, in letzter Zeit verwöhnt sie mich ganz schön.

Wie herrlich, mit den Päckchen zu spielen, die Schachteln aufzureißen, sie auszuleeren, Höhlen daraus zu bauen und sie dann in Stücke zu reißen!

Ach, seid ihr jetzt auch wach? Danke für die Geschenke!

Warum schreien sie mich denn jetzt an? Sie übertreiben wirklich maßlos. Erst schenken sie mir die Schachteln, und dann darf ich nicht mit ihnen machen, was ich will. Ich frage mich, ob meine Familie nicht vielleicht ein bisschen bipolar ist.

31. Dezember

212. Tag in Gefangenschaft

Heute Abend gibt es ein großes Familienessen. Alle haben sich fein herausgeputzt. Ich hasse es, wenn mehr als fünf Personen bei mir zu Hause sind. Wenn Fremde die Frechheit haben, sich auf mein Lieblingssofa zu setzen, auf meinen Glücksbringersessel und auf MEINE Stühle. Das macht mich rasend. Nachdem ich einen Teil des Abends schmollend unter dem Bett verbracht hatte, war ich ganz schön baff, als ich im Wohnzimmer entdeckte, wie ungefähr zehn ziemlich angetrunkene Menschen Polonaise tanzten und sich mit Luftschlangen bewarfen.

Menschen können ganz schön kindisch sein. Wenn ich daran denke, wie ich ausgeschimpft werde, wenn ich zum Spaß die Müslipackung in der Küche umstoße ... Sie können sich gar nicht vorstellen, in was für einem Zustand sich das Wohnzimmer befindet. Man kann keine Pfote aufsetzen, ohne in Müll zu treten.

Fünf, vier, drei, zwei, eins: Frohes neues Jahr! Es ist Krieg, überall explodiert es. Schnell, in Deckung. Ich hasse Feuerwerke.

5. Januar

217. Tag in Gefangenschaft

Mein Lieblingssänger: Cat Stevens.

Meine Lieblingscomicfigur: Catwoman.

Mein Lieblingsfilm: *Aristocats*.

Mein Lieblingsmärchen: *Der gestiefelte Kater*.

Ja, ich weiß, was Sie jetzt denken, ziemlich ethnozentrisch, aber das stimmt nicht. *Die Katze auf dem heißen Blechdach* fand ich auch nicht schlecht, und da spielt gar keine Katze mit.

7. Januar

219. Tag in Gefangenschaft

Mein guter Vorsatz für dieses Jahr: Sport treiben. Ich habe soeben meinen Rekord von hundert Metern übertroffen, indem ich hundertfünf Meter durchs Haus gerannt bin, ohne an meinem Futternapf haltzumachen. Ich bin der neue Olympiasieger im Dreifachsprung mit ausgefahrenen Krallen: auf Marcs Rücken, dann auf Séverines Beine und dann auf den armen Patapouf. Und außerdem auch der neue Rekordhalter in der Königsdisziplin Diskuswerfen, die darin besteht, sich auf die CD-Sammlung der Familie zu stürzen und die CDs so weit wie möglich im Raum zu verteilen.

Seltsamerweise scheint die Familie Trottel nicht zu hundert Prozent hinter meinen neuen sportlichen Ambitionen zu stehen, so wütend, wie sie mich angucken. Ich werde mich also in aller Demut aus der Welt des Sports zurückziehen und ein wohlverdientes Nickerchen machen.

12. Januar

224. Tag in Gefangenschaft

Ich bin Luke Skywalker, ein echter Jedi! Mein Gegner: der Bösewicht Marc mit seinem Laserschwert. Ich finde es großartig, wenn wir mit dem Laser spielen, das macht mich ganz irre.

Verteidige dich, Marc Vader, ich krieg dich, ich bin stärker als du. Du kannst mich mit deinem Laserschwert nicht besiegen. Guck, ich fang dich im Flur. Ah, nein, er ist entwischt, jetzt ist er im Bad, in der Badewanne, du entkommst mir nicht, Laserstrahl …

(*Platsch.*)

Diese heimtückischen Verräter, diese Schurken, das war alles nur eine Falle, um mich ins Wasser zu locken. Diese Methode ist eines Jedi nicht würdig! Ich hasse Bäder!

13. Januar

225. Tag in Gefangenschaft

Liebes Tagebuch, heute Morgen bin ich besonders wachsam. Was ist dieses weiße Zeug? Sie werden es mir nicht glauben, aber mein Garten ist vollkommen weiß. Mein Baum ist ganz und gar bedeckt mit Puder, und es regnet Watte.

Sind das die Vorboten vom Ende der Welt? Und was, wenn die Maya doch recht hatten?

Ich verstecke mich lieber, bevor die vier apokalyptischen Reiter das Wohnzimmer stürmen. Ich schleiche mich in den Schrank, da finden sie mich niemals. Nehmt meine Familie, nehmt Patapouf, doch lasst mir mein Dosenfutter und mein Trockenfutter (außer das Light-Trockenfutter). Ich verabschiede mich, ich glaube nicht, dass Sie das überleben werden. Schade, eigentlich wollte ich noch einen zweiten Band von meinem Tagebuch herausbringen.

14. Januar

226. Tag in Gefangenschaft

Nun gut, ich habe mir also umsonst Sorgen gemacht. Die zehn Zentimeter dicke Puderschicht im Garten nennt sich offenbar Schnee und ist angeblich ganz normal für diese Jahreszeit … auch wenn ich das bezweifle.

Die Trottels scheinen sich jedenfalls bestens zu amüsieren. Sie bewerfen sich mit »Schneebällen«, bauen weiße Monster und wollen, dass ich mitmache. Nein danke, ich sehe euch aus der Ferne zu, für den Fall, dass ich den Notarzt benachrichtigen muss.

15. Januar

227. Tag in Gefangenschaft

Es ist offiziell, ich füge meiner langen unvollständigen Liste von Dingen, die ich nicht mag, etwas hinzu: Schnee.

Dieses Pulver ist eiskalt, unangenehm und ungastlich. Ich versinke darin mit meinen Pfoten, und ich hasse es, wie nasskalt es sich unter meinen Ballen anfühlt. Ich bin sage und schreibe ganze zwei Minuten draußen geblieben, bevor ich mich wieder an meinen Lieblingsheizkörper verzogen habe. Die Leute haben schon recht mit ihrem ABC-Lied, ojemine, und ich kann weiße Stiefel ganz und gar nicht ausstehen.

Den Schnee überlasse ich den Kindern und den Pinguinen.

16. Januar

228. Tag in Gefangenschaft

Wie gemein! *Hatschi!* Ich habe mich erkältet, mir läuft die Nase. *Hatschi!* Ich zittere. Mir ist heiß und kalt zugleich. Und ich musste mich wieder … *hatschi!* … in die Höhle des Tierarztmonsters begeben.

20. Januar

232. Tag in Gefangenschaft

So viel zu tun und so wenig Motivation! Es ist doch immer das Gleiche. Ich bin dazu prädestiniert, Kathedralen zu bauen, die Welt zu verändern, Denkweisen zu revolutionieren, die Welt zu prägen. Und jedes Mal, wenn ich an meinem Lieblingskissen vorbeigehe, kann ich nicht anders, als mir zu sagen, dass die Welt ruhig noch warten kann, solange ich ein kleines Nickerchen mache.

25. Januar

237. Tag in Gefangenschaft

Es scheint so, als sei die junge Léa mitten in ihrer Pubertätskrise. Ich fand sie auch schon immer etwas sonderbar. Sie regt sich über Nichtigkeiten auf, knallt Türen, schreit ihre Eltern an. Sie ist kein Kind mehr, aber auch noch keine Frau. Kurz, ein unfertiger Mensch. Ich habe große Angst davor, dass auch ich so eine Krise durchmachen muss.

In Katzenjahren wäre ich mit zwei Jahren in etwa vierzehn. Es bleiben mir also nur noch wenige Monate, bis ich von Akne befallen werde und anfange, mich seltsam zu benehmen. Darauf habe ich ganz und gar keine Lust …

27. Januar

239. Tag in Gefangenschaft

Liebes Tagebuch, ich will ja nicht prahlen, aber ich habe einen äußerst guten Geschmack. Das ist mir angeboren. Deswegen habe ich beschlossen, Modedesigner zu werden, und zwar der neue Lagerfeld, Tom Ford 2.0.

Müsste ich meinen Stil beschreiben, würde ich sagen zersetzt, zerfranst, punkig. Für meine Herbst-Winter-Kollektion habe ich innerhalb eines Nachmittags Séverines gesamte Garderobe umgestylt.

Gut, das muss ich zugeben, meine Kralle ist noch nicht ganz ausgefeilt. Aber mich deswegen anzubrüllen und mir den Ausgang zu verbieten? Das ist das Problem bei Leuten, die das Markenzeichen von jemandem nicht erkennen, der seiner Zeit weit voraus ist.

1. Februar

244. Tag in Gefangenschaft

Hunde haben einen Besitzer, Katzen haben Bedienstete. Ich gehöre ja nicht zu denen, die sich viel beschweren, aber meine Angestellten sind nicht besonders auf Trab. Sie können sich gar nicht vorstellen, wie oft ich schon darum betteln musste, dass man mich endlich bedient!

Das Haus hier hat noch keinen »Michelin«-Stern verdient. Es gibt keinen Zimmerservice und das Dosenfutter

VOGUE

ist fade. Das Personal ist tagsüber nicht zugegen, um mir jeglichen Wunsch zu erfüllen, und meine Katzentoilette lässt auch zu wünschen übrig. Nur dass es keinen Pool gibt, stellt für mich kein Problem dar.

3. Februar

246. Tag in Gefangenschaft

Ich frage mich, ob ich nicht eine kleine Diät machen sollte. Ich bin so dick, ich komme mir schon vor wie eine Schildkröte. Ich bewege mich nur langsam vorwärts und kann mich kaum umdrehen, wenn ich auf dem Rücken liege.

Es ist entschieden, ich muss mich möglicherweise mit dem Gedanken anfreunden, vielleicht bald über eine Diät nachzudenken. Da ich aber mit leerem Magen nicht nachdenken kann, gehe ich erst mal was Kleines knabbern.

10. Februar

253. Tag in Gefangenschaft

Ich bin davon überzeugt, dass die Menschen in einer Parallelwelt die Haustiere der Katzen sind, wo sie Dosenfutter zu fressen bekommen und auf einer Matte auf dem Boden schlafen. Die Katzen spielen mit den Menschen, streicheln sie, wenn sie schlafen, und schleppen sie vor allem zum Zahnarzt, damit ihnen der Zahnstein entfernt wird.

Würde ich in so einem Paralleluniversum leben, ich würde meine Familie jede Woche zum Zahnarzt und zum Hausarzt schleppen, dann könnten sie alle mal sehen, wie das ist.

15. Februar

258. Tag in Gefangenschaft

Was denn? Was gucken Sie mich so an? Ja, ich schnuppere gern an Marcs Turnschuhen, wenn er vom Laufen kommt. Sie wollen mir doch nicht weismachen, dass Sie nicht gern an feuchten Schuhen oder am Wäschekorb riechen! Das ist eine meiner heimlichen Freuden. Würden Sie mich jetzt bitte entschuldigen, ich bin high.

20. Februar

263. Tag in Gefangenschaft

Es ist drei Uhr morgens, und ich bin wach. Keine Sorge, liebe Leser, ich leide nicht unter Schlaflosigkeit, ich gestatte mir nur ein kleines nächtliches Vergnügen.

Folgen Sie mir in den ersten Stock, aber ganz leise. Nähern wir uns Marcs und Séverines Schlafzimmer. *Pssst!* Wir dürfen sie nicht wecken. Ganz vorsichtig ins Zimmer schleichen, bis ans Bett. Perfekt! Marcs Fuß guckt unter der Bettdecke hervor wie jede Nacht.

Fünf, vier, drei, zwei, eins, alle Krallen ausfahren und im Fuß versenken. Und jetzt nichts wie weg hier! Schnell, liebe Leser. Los, schnell die Treppe runter. Jetzt legen wir uns nach diesem erfolgreichen Einsatz leichten Herzens wieder hin.

3. März

274. Tag in Gefangenschaft

Liebes Tagebuch, es ist nicht so, dass ich auf der faulen Haut gelegen hätte, weil ich ein paar Tage lang nichts habe von mir hören lassen (niemand arbeitet härter als ich), sondern ich habe mich bei der Spatzenjagd am Kopf verletzt.

Haben Sie schon mal probiert, einen Vogel zu fangen? Diese Übung verlangt außergewöhnliche Konzentration, Flinkheit und Kraft. Beim Sprint bin ich schneller als Usain Bolt. Ich kann weiter springen als … als … als der Weltmeister im Weitsprung (ich lese nicht jeden Morgen den Sportteil). Aber dieser heimtückische Vogel ist losgeflattert, bevor ich mich auf ihn stürzen konnte. So bin ich also in den Rosen gelandet. Und dann ab zum Onkel Doktor wegen kleiner Schnittwunden, nichts Schlimmes, keine Sorge. Aber ich habe ja ohnehin keine beunruhigten SMS von Ihnen bekommen. Jedenfalls muss ich jetzt eine alberne Halskrause tragen, damit ich mich nicht kratzen kann und die Wunden nicht wieder aufgehen.

8. März

279. Tag in Gefangenschaft

Seit einer Woche halte ich mich nun versteckt. Ich schäme mich so sehr mit dieser albernen Halskrause, nicht einmal Lady Gaga würde sich trauen, so etwas in der Öffentlichkeit zu tragen … Ich kann mir vorstellen, wie die Katzen der Nachbarschaft höhnisch lachen würden, falls sie mich mit dieser Haube à la Daft Punk sehen könnten. Und es ist nicht nur unästhetisch, es ist auch hochgefährlich. Ich wäre beinahe ertrunken, als ich am Wasserhahn meinen Durst löschen wollte.

10. März

281. Tag in Gefangenschaft

Zum ersten Mal in meinem Leben bin ich froh, einen Tierarzt zu sehen! Endlich bin ich diese abscheuliche Halskrause los. Gerade habe ich mich eine Stunde lang hinter den Ohren gekratzt. Davon habe ich seit Tagen geträumt.

15. März

286. Tag in Gefangenschaft

Alarmstufe Rot! Alles bereit für den Katzastropheneinsatz! Das ist ein Notfall, es ist Sonntag, und die Familie hat »vergessen«, Futter für mich einzukaufen!

Ich werde sterben, ich weiß es. Acht Stunden ohne meine Dosen. Bestimmt gibt es noch Trockenfutter, aber das ist nicht so mein Fall. Wo war ich stehen geblieben? Ach so, ja, ich werde verhungern, dahinsiechen. Ich spüre schon, wie meine Kräfte nachlassen, ich fange an zu zittern, die Unterernährung macht sich bemerkbar, ich liege im Sterben. Hallo? Familie, habt ihr mich gehört? Ich liege im Steeerbeeen!

Na endlich, sie haben es verstanden. Marc wird mit seinem Autochen dreißig Kilometer fahren, bis er einen Supermarkt gefunden hat, der geöffnet hat, aber bloß keinen DISCOUNTER, klar?!

18. März
289. Tag in Gefangenschaft

Ich glaube nicht an Fernbeziehungen. Deswegen habe ich heute Nacht mein Bett neben den Kühlschrank geschoben. So befinde ich mich in strategischer Position, nur einen Meter von der Versorgung entfernt, einen halben Meter von meinem Futternapf und ein paar Schritte vom Küchentisch. Ich kann also bequem im Liegen das Kommen und Gehen vorm Kühlschrank verfolgen und bei den Mahlzeiten betteln, und das, ohne mich auch nur im Geringsten anstrengen zu müssen. Glauben Sie jetzt nicht, ich sei faul, ich optimiere lediglich meine Bewegungsabläufe.

20. März
291. Tag in Gefangenschaft

Wenn man vor Scham sterben könnte, dann wäre ich heute schon zweimal gestorben. Ich erzähle Ihnen von meinem Tag, aber nur wenn Sie sich nicht über mich lustig machen.

Heute Morgen, als ich gerade ein bisschen Wasser aus der Toilette schlürfte (als ob Sie das noch nie getan hätten, Sie Heuchler!), bin ich dummerweise hineingefallen und habe fast zehn Minuten gebraucht, um mich wieder herauszustrampeln.

Da habe ich aber ein Grinsen bei Ihnen entdeckt. Seien Sie bloß vorsichtig, ich bin extrem empfindlich.

Heute Nachmittag wollte ich eine Runde im Garten drehen, also habe ich Anlauf genommen und bin durchs Fenster gesprungen … beziehungsweise gegen die Scheibe geknallt, die so sauber war, dass man sie nicht sehen konnte.

Das war also mein Tag, liebes Tagebuch. Ich werde mich jetzt wie ein Einsiedler in meine Höhle zurückziehen und über mein Leben nachdenken.

25. März

296. Tag in Gefangenschaft

Liebes Tagebuch, du weißt ja, dass ich niemand bin, der viel meckert. Aber wenn ich eines verabscheue, dann wenn ich mich eine Stunde lang gründlich geputzt habe, das Fell, die Pfoten, die Ohren, und dann ein Familienmitglied heimtückisch auf mich zukommt und mich streichelt. Dann muss ich mit meiner Körperpflege wieder bei null anfangen.

Nächstes Mal, wenn ich sie aus dem Bad kommen sehe, pinkele ich ihnen auf den Morgenmantel.

26. März

297. Tag in Gefangenschaft

Wenn ich meine Lebensphilosophie in einem Satz zusammenfassen müsste, dann in folgendem: »In der Ruhe liegt die Katz.«

27. März
298. Tag in Gefangenschaft

Was trinkt Marc eigentlich immer so gern zum Abendessen? Ist das Rotwein? Es riecht nicht besonders gut, aber er scheint es zu mögen. Ich bin ein gastronomischer Abenteurer, ich probiere alles. Meine Leidenschaft für Geflügel (totes Geflügel, nicht dieses furchterregende in freier Wildbahn) habe ich entdeckt, als ich eine gebratene Hühnerkeule stibitzte, und dass koscheres Essen nichts für mich wäre, ist mir klar geworden, als ich einmal eine Scheibe Schinken habe mitgehen lassen.

Testen wir also diesen roten Trank.

Bäh! Das ist ja widerlich! Es brennt auf der Zunge und kratzt im Hals. Marc ist ja wahnsinnig, dass er das trinkt!

Hahaha! Warum bin ich denn der Einzige, der lacht?

Wenn man darüber nachdenkt, ist so ein Tisch eine lustige Sache. Hihihi. Huch, warum dreht sich denn das Wohnzimmer so?

Hey, Patapouf, komm her, ich wollte dir sagen, wie sehr ich dich liiiieeeebe. Hick, hehehe, lass dich umarmen.

Hick, hahaha. Ich fühl mich ganz komisch. Dich habe ich auch lieb, Marc. Du bist mein Herrrrrchen! Oh, die Küche dreht sich auch, das ganze Haus ist ein Karussell. Hick, hihihi.

Hach, ich bin so müde. Hihi-hick! Zzzzzzzzzzz.

28. März
299. Tag in Gefangenschaft

Mein Gott! Ich hab solche Kopfschmerzen, das ist ja, als würde eine Blaskapelle mitsamt Majoretten durch mein Hirn marschieren.

Und dieser ganze Lärm … leiser bitte!

Ach, verflixt. Jetzt habe ich mich auf mich selbst übergeben. Das wird Stunden dauern, bis ich mich geputzt habe. Ach nein, darum kümmern wir uns später, ich leg mich wieder hin.

29. März
300. Tag in Gefangenschaft

Meine ganz persönliche Theorie:

Ich glaube, dass Fußball von einem Hund erfunden wurde. Wie soll man sonst die Regeln dieses kindischen Spiels erklären, bei dem zweiundzwanzig Menschen dämlich hinter einem kleinen Ball herlaufen und sich nach jedem Tor in die Arme fallen?

Hätte eine Katze diese Sportart erfunden, dann würden die Spieler den Ball niemals abspielen. Sie würden ihn für sich behalten, und eine Halbzeit würde regelmäßig von Nickerchen unterbrochen.

1. April

303. Tag in Gefangenschaft

Streichelordnung:

Bereiche, in denen Streicheln und Kraulen erlaubt ist: unterer Rücken, Kopf, Kinn, Rücken, Nase.

Bereiche, in denen Streicheln und Kraulen toleriert wird (je nach Stimmungslage, bitte vorher erkundigen): Schwanz, Pfoten (vorne und hinten).

Bereich, in dem Streicheln und Kraulen verboten ist: Bauch. Strafe: Arme in blutigen Fetzen.

Wer nicht hören will, wird Krallen fühlen.

3. April

305. Tag in Gefangenschaft

»Jede Katze ist ein Meisterwerk.«

Leonardo da Vinci

Darüber lasse ich Sie jetzt in Ruhe nachdenken.

5. April

307. Tag in Gefangenschaft

Ich bin keine Rassekatze. Sowieso verabscheue ich jegliche Form von Rassismus, für mich sind alle Rassen gleich. Es stimmt schon, siamesische Katzen sind ziemlich eingebildet, Perser Idioten, Birmakatzen sind so überheblich, dass sie es mit der Königin von England aufnehmen könnten, und die Bengalkatzen haben auch nicht gerade die Weisheit mit Löffeln gefressen.

Aber für mich sind sämtliche Rassen auf dieser Erde gleichwertig … bis auf Hunde, Schnabeltiere und Menschen, die sind uns selbstverständlich unterlegen.

7. April

309. Tag in Gefangenschaft

Ich esse gern, und nur aus diesem Grund bin ich nicht Model geworden. Und weil ich das Reisen hasse. Ansonsten bin ich davon überzeugt, dass ich auf dem Laufsteg eine anständige Karriere hingelegt hätte. Das dürfen Sie nicht als unbescheiden auffassen, es ist eine Tatsache. »Was für ein hübscher kleiner Kater«, das ist der Satz, den ich täglich am häufigsten zu hören bekomme. Den und »Nein, komm von den Vorhängen runter, du verd[redacted] M[redacted]kater.«

9. April

311. Tag in Gefangenschaft

Liebe filmbegeisterte Leser, heute Morgen habe ich die legendäre Szene aus *Der Exorzist* nachgestellt, ich dabei in der Rolle der Besessenen.

Das Ganze fand im Katzensalon statt, bei meinem allergrößten Feind, gleich nach dem Tierarzt. Ich bin gern sauber, aber ich kann es nicht ausstehen, wenn man mich waschen will. Ich mag kein Wasser. Kann sein, dass ich es ein bisschen übertrieben habe mit dem Fauchen, Kratzen und Schimpfen. Die Pflegerin war jedenfalls in Tränen aufgelöst, verfluchte mich und nannte mich einen Teufelskater.

Ich denke mir nur, wenn sie in ihrer Ausbildung ein bisschen besser abgeschnitten hätte, dann hätte sie doch Friseurin werden können, oder?

11. April

313. Tag in Gefangenschaft

Rangliste der Ausdrücke, die ich am meisten verabscheue:

1. »Das ist für die Katz.« Na, wenn's denn wenigstens etwas zu essen wäre.
2. »Da beißt sich die Katze in den Schwanz.« Das hätten Sie wohl gern, Sie Sadisten.
3. »Katerfrühstück.« Ernsthaft? Gibt es für uns Katzen dann ein Menschenfrühstück?
4. »Es regnet Katzen und Hunde.« Ich glaube, Sie leiden unter Halluzinationen, gehen Sie besser zum Psychiater.
5. »Nachts sind alle Katzen grau.« Und die Chinesen sehen alle gleich aus.

6. »Katzenwäsche machen.« Von wegen, unsere Katzenwäsche ist um einiges reinlicher als Ihre.
7. »Die Katze im Sack kaufen.« Schon wieder diese sadistischen Fantasien.
8. »Die Katze aus dem Sack lassen.« Ja, was denn nun?

13. April

315. Tag in Gefangenschaft

Patapouf, hier ist einer zu viel im Raum, und ich glaube, das bist du. Also runter von meinem Sofa!

Hunde können so unverfroren sein.

15. April

317. Tag in Gefangenschaft

Liebe Leser, viele von Ihnen haben sich bei mir nach meinen politischen Ansichten und den Ansichten meiner Mitkatzen erkundigt (nun gut, *noch* haben Sie nicht nachgefragt, aber ich bin mir sicher, Sie würden es ohne meine heutige Ausführung bald tun).

Für mich ist klar, dass wir Katzen eindeutig rechtsorientiert sind. Wir verabscheuen jegliche Veränderung. In der Hinsicht ist niemand konservativer als wir. Wir weigern uns, unser Futter zu teilen, die Vorstellung, dass eine fremde Katze in unser Territorium eindringt, ist uns unerträglich, und wir verstecken gern unsere Beute, sicher nicht in der Schweiz, aber an den unwahrscheinlichsten Orten … Kurzum, wir Katzen sind eine Karikatur des rechtsorientierten Menschen. Ich will jetzt nicht gleich einen Komplott anzetteln, aber warum haben wir neun Millionen französische Katzen eigentlich noch nicht das Wahlrecht? Ist das eine Verschwörung der Sozialisten?

Da ich also nicht wählen kann, werde ich mich nun zu einem Nickerchen hinlegen und darauf warten, dass die Hausangestellten zurückkommen und mich reichlich füttern.

16. April

318. Tag in Gefangenschaft

Ein Tag auf dem Merkur dauert 1408 Stunden, genau wie ein Sonntag auf der Erde.

Ich hasse Sonntage! Sonntags schläft die ganze Familie immer aus. Ich muss manchmal bis zehn Uhr warten, bis ich etwas zu essen bekomme, da kann ich noch so sehr gegen ihre Türen hämmern, nichts zu machen.

Sonntag ist auch der Tag, an dem die ganze Familie stundenlang auf MEINEM Sofa herumlungert. Ständig geraten sie mir zwischen die Pfoten, und an diesem Tag kommt auch die Schwiegermutter zum Essen, die alte Hexe, und ich muss mich unterm Bett verkriechen.

Sonntag ist auch der Tag, an dem Marc und seine Freunde sich treffen, um etwas zu trinken und dämliche Fußballspiele auf MEINEM Fernseher zu gucken. Wäre ich an der Macht, ich würde diesen verfluchten Tag ganz einfach verbieten.

20. April

322. Tag in Gefangenschaft

Kann jemand schnell kommen und mir helfen? Ich befinde mich in einer ebenso absurden wie unangenehmen Lage. Am späten Vormittag, als ich gerade im Arbeitszimmer herumstreunte, habe ich nichts Besseres zum Spielen gefunden als eine Rolle Tesafilm.

Nach fünf Minuten bin ich wie eine Kalbsroulade komplett darin eingerollt (da bekomme ich direkt Hunger!) und kann keine Pfote mehr bewegen. Helfen Sie mir, bitte!

22. April

324. Tag in Gefangenschaft

Geschäftsidee für weitere Ausarbeitung:

Call-a-Cat: ein Lieferservice für Dosenfutter, sieben Tage die Woche, rund um die Uhr.

23. April
325. Tag in Gefangenschaft

Wie Mose, der auf dem Berg Sinai die zehn Gebote Gottes erhielt, erhaltet ihr, Familie Trottel, meine zehn Gebote oben vom Regal herab:

1. Alles, was dir gehört, gehört auch mir.
2. Du sollst mich nicht wecken, wenn ich schlafe.
3. Du sollst mich mit gefüllten Futternäpfen versorgen.
4. Du sollst mich schweigend ehren.
5. Täglich sollst du meine Katzenstreu wechseln.
6. Du sollst mein Sofa für mich frei halten.
7. Du sollst die Nummer des Tierarztes vergessen.
8. Wenn ich es will, sollst du mit mir spielen.
9. Du sollst mich täglich mit Leckereien versorgen.
10. Einen größeren Garten sollst du besorgen.

Voilà, das scheint mir das Minimum für ein Mindestmaß an Komfort und Seelenfrieden. Ach ja, das hätte ich beinahe vergessen: Solltest du gegen eine dieser simplen Regeln verstoßen, so wird dich der Schlag treffen.

27. April
329. Tag in Gefangenschaft

Ich sehe ja nicht so viel fern, aber Nachrichtenkanäle, die begeistern mich. Ich bin süchtig nach BFM TV. Welch Wonne, tagein, tagaus zu sehen, wie die Menschen sich bekriegen, all die Naturkatastrophen und politischen Skandale zu verfolgen, zu hören, dass es eine Steuererhöhung geben wird und die Defizite immer größer werden … und mir dann zu sagen, dass ich Gott sei Dank kein Mensch bin, sondern ein Kater. Ich kann mich also ruhigen Gewissens auf meinem Lieblingssofa zusammenrollen und weiterschlafen.

28. April

330. Tag in Gefangenschaft

Treffen sich zwei Hunde. Fragt der eine den anderen:

»Wie heißt du?«

»Runter.«

»Runter? Das ist aber ein komischer Name …«

»Nein, ich habe sogar einen Adelstitel. Runter vom Sofa!«

Hach, ich liebe Hunde- und Menschenwitze. Ich habe einen ausgesprochenen Sinn für Humor, es sei denn, man macht sich über mich lustig.

Noch einer?

»Warum rennt euer Hund jedes Mal in die Ecke, wenn es an der Tür klingelt?« – »Weil er ein Boxer ist!«

Hätte ich Katzenfreunde, würde ich ihnen diese Witze erzählen, aber Sie wissen ja, dass ich meine Artgenossen nicht ausstehen kann.

Das ist nichts Persönliches, sondern eine reine Frage des Territoriums. Die Grenzen zum Haus werden strikt eingehalten. Sie werden rund um die Uhr von mir überwacht während der drei Stunden, in denen ich gerade kein Nickerchen mache.

29. April
331. Tag in Gefangenschaft

Ich hänge sehr an meiner Freiheit. Tiere im Zoo sind niemals froh. Meine Güte, ich entwickle mich noch zum regelrechten Poeten!

Es ist Zeit für ein Nickerchen. Was soll das heißen, faul? Nur dass Sie es wissen, unfreundliche Leser, Koalas schlafen an die zwanzig Stunden täglich, also quasi genauso viel wie ein Beamter.

2. Mai
334. Tag in Gefangenschaft

Es ist beunruhigend, wie mir momentan das Fell ausfällt. Man kann mir anhand der Spur von Haarbüscheln folgen, die ich hinterlasse wie der kleine Däumling seine Kieselsteine.

Seit ein paar Tagen ist das Sofa von einer zwei Zentimeter dicken Schicht Haaren bedeckt, und Séverines begehbarer Kleiderschrank ähnelt einer Bärenhöhle. Würde man alle Büschel zusammennehmen, die ich seit meiner

Geburt verloren habe, dann könnte man, glaube ich, einen neuen Planeten erschaffen.

Ich habe Angst, dass ich so kahl ende wie Marcs Schädel. Ob es wohl Haarimplantate für Katzen gibt?

3. Mai

335. Tag in Gefangenschaft

Wozu hat man mehrere Futternäpfe, wenn sie allesamt leer sind?

Und da ich auch keinen Sou in der Tasche habe, übrigens nicht einmal eine Tasche, kann ich mir auch nicht selbst meine Dosen kaufen gehen.

Wie kann ich wohl Geld verdienen, ohne zu arbeiten?

Nach einer zwanzigminütigen schlaflosen Nacht habe ich DIE geniale Idee, wie ich einfach an Geld komme. RENAULT. Ich muss einfach nur SAMSUNG unauffällig ICH BIN DOCH NICHT BLÖD Werbung CARGLASS REPARIERT, CARGLASS TAUSCHT AUS in meinem Text platzieren EINMAL HIN, ALLES DRIN, so unterschwellig GEIZ IST GEIL, dass weder der Leser KLEIDUNG CLEVER KAUFEN BEI KIK noch mein Lektor ALLES MÜLLER ODER WAS es bemerkt. Ich bin überzeugt BIFI HAT BISS, dass dieses dezente Sponsoring HIER BIN ICH MENSCH, HIER KAUF ICH EIN schon bald zur Norm ORANGINA, ERST SCHÜTTELN, DANN GESCHMACK und den Buchmarkt retten wird.

6. Mai
338. Tag in Gefangenschaft

Kneifen Sie mich mal, ich träume! Gleich wache ich aus diesem Albtraum auf, ganz entspannt auf meinem Kissen, und lache über diesen dämlichen Traum. Los: drei, zwei, eins, ich wache auf.

Nein, das war kein Traum! Marc, dieser Idiot, hat doch tatsächlich gerade zugestimmt, die Katze von nebenan dieses Wochenende bei uns zu Hause zu hüten. Eine KATZE, auf MEINEM Territorium! Ich höre ihn noch, wie er mit honigsüßer Stimme am Telefon zum Nachbarn sagt:

»Natürlich passe ich gern auf Minnie auf. Ich bin sicher, dass mein kleiner Edgar und sie sich ganz prächtig verstehen werden. Er langweilt sich bestimmt so allein.«

8. Mai
340. Tag in Gefangenschaft

Es ist so weit, die Feindin ist vor ein paar Minuten in diese Mauern eingedrungen. Ich beobachte sie von oben vom Schrank aus. Sie weiß, dass ich hier bin, und ich weiß, dass sie da ist. Starr wie zwei Sphinxe starren wir uns feindselig an. Im Raum herrscht so viel Spannung wie an der Grenze zwischen Nord- und Südkorea. Ich habe dafür gesorgt, dass das gesamte Haus

von meiner Duftmarke erfüllt ist, damit sie versteht, wer hier der Boss ist.

Die Anspannung ist unerträglich. Das wird ein sehr langes Wochenende.

9. Mai

341. Tag in Gefangenschaft

Ich bin alles andere als für das WG-Leben gemacht. Mein Bad, mein Futter, mein Haus und meine Familie, alles muss ich mit Minnie, der Nachbarkatze, teilen, das halte ich einfach nicht aus!

Sie ist jetzt seit zwölf Stunden bei MIR ZU HAUSE. Wir haben noch kein Wort miteinander gewechselt und vermeiden jegliche Begegnung so gut es geht. Auf gewisse Art und Weise haben wir eine ähnliche Beziehung wie ein Ehepaar, das sich gerade scheiden lässt.

10. Mai

342. Tag in Gefangenschaft

Die Gegenwart dieses Eindringlings macht mich vollkommen fertig, so angespannt ist die Stimmung. Gut, eigentlich wirkt sie gar nicht so unsympathisch, aber ich kann es mir als Herr des Hauses nicht erlauben, mit dem Feind zu sympathisieren.

Seit Anbeginn der Zeit ist der Instinkt, unser Territorium zu verteidigen, in uns Katzen verwurzelt. Wenn die Neue in der Nachbarschaft verbreiten würde, mein Haus stehe allen Katzen offen, dann würden mein Wohnzimmer und meine Küche schon bald einer Zufluchtsstätte des Tierschutzvereins ähneln, und das kann ich nun wirklich nicht durchgehen lassen.

11. Mai

343. Tag in Gefangenschaft

Ja, endlich ist sie weg! Mehr als achtundvierzig Stunden habe ich mit der Nachbarkatze unter einem Dach überlebt. Dieses Wochenende war so lang, kalt und hart wie ein Winter in Sibirien.

Das Haus ist nun wieder frei von jeglichen Eindringlingen, und ich liege bequem auf MEINEM Sofa. Der alte Patapouf schläft in seiner Ecke, und ich bin endlich wieder allein. Furchtbar allein! Es stimmt, liebes Tagebuch, ich fühle mich oft einsam, keine Katze ist da, mit der ich mich unterhalten, spielen oder kuscheln könnte. Ich frage mich, warum meine Familie nicht noch eine Katze bei sich aufnimmt, damit ich Gesellschaft habe …

13. Mai
345. Tag in Gefangenschaft

Mein Verlag hat mich gebeten, ein wenig Erotik in dieses Tagebuch einzubringen, um auf der Erfolgswelle von *Fifty Shades of Grey* mitzuschwimmen.

Also, liebes Tagebuch, gestern Abend habe ich eine himmlische Katze kennengelernt. Noch nie hatte ich eine dermaßen attraktive und verführerische Kreatur gesehen. Vollkommen nackt, also nur mit ihrem Fell bekleidet, lag sie auf ihrem Balkon. Dann ging sie ganz langsam die Stufen hinunter auf mich zu. Katzenhaft und anmutig kam sie näher, schmiegte sich eng an mich und begann, mich zärtlich zu streicheln. Ich hörte nur noch auf mein Begehren und … und … UND NICHTS! ICH DARF SIE DARAN ERINNERN, DASS ICH KASTRIERT BIN! Und jetzt weg mit euch, ihr Perversen!

17. Mai
349. Tag in Gefangenschaft

Liebe Zuschauer, wir sind nun live auf Sendung aus dem Garten, wo Edgar, der Katzenabenteurer, eine Meisterleistung vollbringen wird, etwas noch nie Dagewesenes: Er wird die hundertjährige Eiche erklimmen.

Erinnern wir uns daran, meine Damen und Herren, dass Edgar bekannt ist für seine Tapferkeit, seinen durchtrainierten Körper und seine überdurchschnittliche Intelligenz. Und los geht's, er hat alle Krallen ausgefahren und beginnt mit der Baumbesteigung. Schon ist er zur Hälfte den Stamm hoch, und unter den Blicken des verblüfften Publikums erreicht er den Gipfel.

Nicht umsonst nennt man ihn den »mutigen Helden«.

17. Mai
349. Tag in Gefangenschaft

Oh ja! Es ist wirklich ganz schön hoch hier! Was für ein Ausblick auf die gesamte Nachbarschaft! Ich kann sogar Minnie, die Nachbarkatze, sehen. Ich weiß nicht, ob sie sich noch an mich und unser zauberhaftes gemeinsames Wochenende erinnert. Gut, es ist bald Zeit zum Abendessen. Da muss ich wohl an den Abstieg denken …

Mist, es ist wirklich ganz schön hoch hier! Da breche ich mir alle Pfoten. Wieso bin ich überhaupt hier heraufgeklettert?

Liebes Tagebuch, ich sitze jetzt seit beinahe drei Stunden hier oben im Baum fest. Die Nacht bricht ein. Mir ist kalt und mir ist schwindelig, aber ich kann auf keinen Fall den Baum hinunterklettern, da breche ich mir das Genick und verschwende unnütz eines meiner neun Leben.

Huhu! Marc, ich sitze fest! Séverine, Léa, Rodolphe, Patapouf! Holt mich hier raus!

18. Mai

350. Tag in Gefangenschaft

Es ist sieben Uhr morgens, und ich hocke immer noch auf diesem verfluchten Baum und komme nicht runter. Ich kann meine Familie in der Küche sehen, wie sie ganz in Ruhe frühstückt. Mein Verschwinden scheint sie ungefähr so sehr zu beunruhigen wie das Aussterben der Dinosaurier vor hundertsechzig Millionen Jahren.

Vierzehn Uhr: Ich habe solchen Hunger, ich würde sogar Gemüse verputzen. Zum Glück scheint mein Martyrium bald vorüber zu sein. Die Feuerwehr stellt gerade ihre lange Leiter an den Baum, um mich zu retten.

Was für eine Schande für mich als Abenteurer, dass die Feuerwehr mir helfen muss! Und das auch noch unter den Augen aller Nachbarn, sie sind alle aus ihren Häusern gekommen, um meiner öffentlichen Demütigung beizuwohnen.

Gut, Sie müssen wissen, dass ich es bedauere, aber ich musste mich wehren und den Feuerwehrmann kratzen, um mein Gesicht zu wahren und die Nachbarn und meine Familie glauben zu machen, dass ich gar nicht vom Baum runterwollte und keinerlei Hilfe benötigte.

Sagen wir einfach, ich habe eine Runde Verstecken gespielt und gewonnen.

19. Mai
351. Tag in Gefangenschaft

Zweiundfünfzig Minuten, fünfundvierzig Sekunden, der Rekord wurde gebrochen! Seit zweiundfünfzig Minuten und fünfundvierzig Sekunden habe ich nichts zu mir genommen. Und jetzt, liebes Tagebuch, muss ich gehen, es ist höchste Zeit, mich über mein Trockenfutter herzumachen.

20. Mai
352. Tag in Gefangenschaft

Ich weiß, liebes Tagebuch, nach all diesen Abenteuern habe ich dich ein wenig vernachlässigt, aber ich habe viel geschlafen, gegessen, geschlafen, gegessen, geschlafen, gegessen, geschlafen, gegessen, geschlafen, gegessen, geschlafen, gegessen, geschlafen, gegessen, geschlafen, gegessen, geschlafen, gegessen, geschlafen, gegessen … das Leben eben!

Der kleine Rodolphe findet, dass ich zu viel schlafe, er nennt mich Pennratze. Von wegen Ratze, ich bin eine Katze. (Mein Talent zu reimen kommt wirklich immer mehr zum Ausdruck.) Sobald der junge Zweibeiner jedenfalls sieht, dass ich döse, kann er nicht anders, als mich zum »Spielen« aufzufordern.

Wie soll ich ihm begreiflich machen, dass seine kleinen Autos mich ganz und gar nicht begeistern? Seine Playstation würde mich da schon eher interessieren, und der Gedanke daran, mit einer Kalaschnikow zu feuern, reizt mich enorm, aber meine Pfoten sind leider nicht für den Joystick geeignet.

21. Mai
353. Tag in Gefangenschaft

Was soll das heißen, »hol den Ball«? Halten die mich etwa für einen Profifußballer oder was?

Sie sollten wissen, liebe Menschen, dass mein IQ um einiges höher ist als der eines Sportlers. Ihrer im Übrigen auch, sonst wären Sie nicht in der Lage, dieses Buch zu lesen. Wenn man mich also das nächste Mal dazu auffordert, den Ball zu holen, dann hole ich ihn und werfe ihn ihnen ins Gesicht. Also wirklich, diese Familie wäre bei einer Idioten-Messe auf der Seite der Aussteller.

22. Mai
354. Tag in Gefangenschaft

Kennen Sie die Geschichte von Creme Puff, der ältesten Katze der Welt? Das war eine Katze, die *nicht* auf die Straße lief und sich überfahren ließ! Katzen sind nämlich um einiges schlauer als Hunde.

Ich kann Patapouf immer weniger ertragen. Er ist nicht böse, aber er regt mich einfach auf.

Warum muss er jeden Morgen dem armen Postboten hinterherbellen? Schließlich ist doch Patapouf nicht derjenige, der die Rechnungen bezahlt, die der Briefträger bringt.

Das Einzige, was mir an der Post nicht gefällt, sind die Kalender mit den Kätzchen, die so laszive Posen einnehmen wie die Jungs aus dem Pariser Rugbyteam in ihrem Aktkalender *Dieux du Stade*.

Und denken Sie jetzt nicht, dass ich beleidigt bin, weil die von der Post mich nie darum gebeten haben, für einen ihrer Kalender zu posieren. Ganz und gar nicht! Und falls sie mich zufällig doch bitten sollten, für sie zu modeln, dann würde ich darauf achten, dass das Shooting bei einem berühmten Modefotografen stattfindet, der meine Schönheit so zur Geltung bringt, dass alle Omas in ganz Frankreich darüber in Ekstase geraten.

23. Mai

355. Tag in Gefangenschaft

Ich bin wie ein CIA-Agent. Ich streife den ganzen Tag durchs Haus, kenne die düstersten Winkel, halte mich stundenlang versteckt und kenne dank meines guten Riechers alle Geheimnisse jedes einzelnen Familienmitglieds. Nur meine Berufsethik verbietet es mir, Ihnen davon zu erzählen.

Es sei denn, Sie würden darauf bestehen … Bestehen Sie darauf? Einverstanden, aber das bleibt unter uns.

Die junge Léa raucht immer eine Art Katzengras mit ihren Freundinnen, wenn ihre Eltern nicht da sind.

Marc, der eigentlich auf Diät sein soll, versteckt Essen in der Garage. Zum Glück habe ich sein Versteck gefunden und lasse mir seine Salami schmecken, aber natürlich nur zu seinem Besten, nicht weil ich verfressen bin.

Rodolphe steht nach zwanzig Uhr wieder auf, um auf seiner Konsole zu spielen.

Über Séverine habe ich noch nichts Kompromittierendes gefunden, aber ich ermittle weiter. Ihr Laster finde ich schon noch, da mache ich mir keine Sorgen.

Ich verlasse mich auf Ihre Diskretion. Diese Informationen werden sich als ungemein nützlich erweisen, sollte ich die Trottels jemals erpressen wollen.

25. Mai

357. Tag in Gefangenschaft

Ich muss Ihnen unbedingt von meinem Abend erzählen. Meine Familie und mein Hund haben mich auf niederträchtige Weise an einem Samstagabend allein gelassen, um auf was weiß ich für eine Party zu gehen.

Gegen elf Uhr abends ist dann ein Einbrecher ins Haus eingedrungen und wollte ein paar Schmuckstücke und den Laptop mitgehen lassen. Ich habe mich nur auf meinen Instinkt verlassen und mich auf ihn gestürzt, mich an seinen Beinen gerieben und ihm mein schönstes Schnurren geschenkt, damit er mir noch eine Dose Katzenfutter gibt. Und was macht der gemeine Kerl? Haut einfach ab, ohne mich zu beachten! Es gibt wirklich unanständige Leute.

26. Mai
358. Tag in Gefangenschaft

Ich bin ja nicht abergläubisch, aber schwarze Katzen, die von rechts nach links über die Straße laufen, kann ich nicht ausstehen … ebenso wenig wie graue. Und ich mag auch keine roten. Und die weißen nicht zu vergessen.

27. Mai
359. Tag in Gefangenschaft

Immer wenn ich mich nutzlos fühle, muss ich nur an die UNO denken, und alles relativiert sich wieder.

Wenn Sie glauben, dass der Müßiggang einem ein einfaches Leben beschert, dann täuschen Sie sich! Ich verbrauche unglaublich viel Energie beim Ausruhen. Die Suche nach dem perfekten Platz für ein Nickerchen ist eine regelrechte Schatzsuche.

Als ich zu der Familie Trottel kam, schlief ich zuerst in dem Körbchen, das man mir hingestellt hatte. Seine Qualität ließ allerdings zu wünschen übrig, und ich habe es sehr schnell boykottiert. Dann habe ich für das Bett der Eltern optiert, das sehr bequem ist, aber nachts nicht zu gebrauchen aufgrund ihrer parasitären Anwesenheit. Dann wurde das Sofa zu meinem Rückzugsort, ebenfalls sehr bequem, allerdings zu exponiert für eventuelle Streichelattacken. Während ich darauf warte, dass sich etwas Besseres ergibt, liege ich momentan am liebsten auf dem Ledersessel im Arbeitszimmer. So eine Suche wie meine, die Suche nach dem Heiligen Gral, wird niemals zu Ende gehen.

28. Mai

360. Tag in Gefangenschaft

Liebes Tagebuch, heute ist ein besonderer Tag, der Tag, der nur alle zwei oder drei Wochen vorkommt und an dem ich mich am meisten amüsiere … der Tag, an dem die Familie die Betten neu bezieht!

Das mag Ihnen idiotisch erscheinen (falls dem so sein sollte, überspringen Sie bitte dieses Kapitel und verderben Sie mir nicht den Spaß), aber ich liebe es, aufs Bett zu springen, wenn die Eltern es neu beziehen. Ich liebe es, unter das Spannbettlaken zu schlüpfen, darunter entlangzukriechen und mir vorzustellen, ich wäre ein Forscher auf Expedition in einer gefährlichen Welt, in der alles in Bewegung ist und wo ich mit dem Kissenmonster und der Nackenrollenschlange kämpfen muss.

Ja, ja, ich weiß, dass Sie mich für einen Psycho-Kater halten und meine Begeisterung nicht teilen. Erzählen Sie mir jetzt nicht, dass es Ihnen nicht unglaublichen Spaß macht, Ihre Laken zu wechseln. Das Problem mit Ihnen, den menschlichen Geschöpfen, ist, dass Sie keinerlei Fantasie haben. Liebe Leser, ich muss jetzt Schluss machen, ich höre oben schon die Laken rascheln … Zeit zu spielen!

29. Mai

361. Tag in Gefangenschaft

Aufwachen, es bereuen, wieder einschlafen.

30. Mai

362. Tag in Gefangenschaft

Pst! Nicht stören, ich sehe gerade fern, meine Lieblingssendung: *Glücksrad.* Glauben Sie jetzt nicht, dass ich mich für dieses Hausfrauenspiel interessiere, und auch nicht für den fragwürdigen Humor des Moderators. Das nicht, aber ich könnte stundenlang zusehen, wie das Rad sich dreht. Es hypnotisiert mich, beruhigt mich. Es ist albern, ich weiß, aber manchmal stelle ich mich ganz dicht vor den Fernsehbildschirm und versuche, es zu berühren.

1. Juni

364. Tag in Gefangenschaft

Angeblich begehrt man immer das am meisten, was man nicht hat. Bei mir ist das anders, vermutlich dank meines erhabenen Geisteszustands, den ich der täglichen Ausübung von Yoga und Buddhismus zu verdanken habe. Es kommt jedoch trotzdem hin und wieder vor, dass ich mir vorstelle, wie mein Leben aussähe, hätte mich Lucienne, die Nachbarin, bei sich aufgenommen.

Lucienne ist eine kleine alte Dame von achtzig Jahren, die in einem komfortablen Haus wohnt. Ich mag ältere Leute gern. Genau wie ich schlafen sie viel, nörgeln ununterbrochen, und ihr Geruch nach alten Menschen gefällt mir auch.

Manchmal stelle ich mir vor, wie wir beide auf ihrem alten Sofa, das genauso abgenutzt ist wie sie, *Des chiffres et des lettres* gucken, diese alte Spieleshow am Nachmittag, um achtzehn Uhr zu Abend essen und um neunzehn Uhr schlafen gehen. Alles in allem ein ruhiges Rentnerleben. Ich würde auf sie aufpassen bis zu ihrem letzten Atemzug, und dann würde ich mit ihrem Erbe in ein warmes Land ziehen.

Da aber der französische Staat uns das Recht aberkennt, von unseren Herrchen zu erben, ist dieser Plan hinfällig, und so werde ich bei meiner aktuellen Familie bleiben. Die ist ja trotz ihrer erheblichen Mängel gar nicht so übel.

2. Juni

365. Tag in Gefangenschaft

Bei euch Menschen macht es morgens ja einen Riesenunterschied, ob es nun Punkt sechs oder fünf nach sechs ist. Marc und Séverine haben die unangenehme Angewohnheit, ihren Wecker immer mindestens zehnmal klingeln zu lassen, bevor sie es endlich schaffen aufzustehen.

Das ist wirklich lästig für einen Kater mit so einem feinen Gehör wie meinem. Um also diese morgendlichen Unannehmlichkeiten aus der Welt zu schaffen, habe ich mir angewöhnt, nachts den Wecker auszustellen. So sind alle zufrieden. Sie können länger schlafen, und ich werde nicht mehr im Morgengrauen aufgeweckt.

Seltsamerweise schreien sie, seit ich diese raffinierte List anwende, immer los, wenn sie gegen zehn Uhr aufwachen.

3. Juni
366. Tag in Gefangenschaft

Ich bin nicht faul, ich mag es einfach, nichts zu tun. Ich kritisiere Ihre Freizeitaktivitäten doch auch nicht, kritisieren Sie also nicht meine!

4. Juni
367. Tag in Gefangenschaft

Liebes Tagebuch, heute Morgen habe ich … Entschuldigen Sie mich bitte, ich muss mich eben kratzen. Also, heute Morgen habe ich … Einen Moment bitte, eben noch einmal kratzen, dann bin ich wieder ganz für Sie da. Aber das gibt's doch nicht, es juckt mich überall, ich hätte beinahe Lust, mir die Haut abzureißen. Wirklich äußerst unangenehm. Gut, heute Morgen habe ich neben Patapouf geschlafen und … Das ist ja fürchterlich, wenn man sich dauernd so unbedingt kratzen muss! Liebes Tagebuch, ich kratze mich jetzt ausgiebig und komme dann wieder zu dir zurück.

5. Juni
368. Tag in Gefangenschaft

Nach einer intensiv durchkratzten Nacht ist das Urteil gefallen: Ich habe Flöhe! Wie entsetzlich, wie beschämend, wie entehrend.

Und der Schuldige, der Verbrecher, der für all mein Übel Verantwortliche … (*Trommelwirbel*) ist … (*erneuter Trommelwirbel, um die Dramatik des Ereignisses zu unterstreichen*): Patapouf! Genau, dieser Hund war so freundlich und hat seine Parasiten mit mir geteilt.

Und die bevölkern jetzt meine Haut, Zentimeter um Zentimeter, und allein die Vorstellung ist unerträglich.

Jetzt halte ich mich also in den verborgenen Winkeln des Hauses vor missbilligenden Blicken versteckt. Ich bereue es, mich über Rodolphe lustig gemacht zu haben, als er kurz nach den letzten Sommerferien mit Läusen nach Hause kam.

8. Juni
371. Tag in Gefangenschaft

Liebes Tagebuch, ich habe eine gute und eine schlechte Nachricht. Die gute ist, dass die Parasiten, die Eindringlinge, die fürchterlichen Flöhe, meinen Astralkörper verlassen haben. Die schlechte ist, dass ich eine Woche lang morgens und abends mit Anti-Floh-Shampoo gewaschen

werden muss. Und dabei hasse ich es, einshamponiert zu werden.

Zum Glück halten Sie ein Tagebuch und keinen Fotoroman in Ihren hübschen manikürten Händen (ja, auch Sie, Monsieur, ich weiß es), denn es wäre mir doch zu peinlich gewesen, hätten Sie mich nach dem Einshamponieren gesehen: zerzaustes Fell, als hätte ich in eine Steckdose gefasst, und einem halbwüchsigen Justin-Bieber-Fan zum Verwechseln ähnlich, bloß ohne die Haartolle (dafür aber mit was im Kopf).

15. Juni
378. Tag in Gefangenschaft

Es ist so weit, meine entehrende Behandlung hat endlich ein Ende. Das nächste Familienmitglied, das es wagt, sich mir mit Handtuch und Shampoo zu nähern, riskiert tiefe Kratzwunden. Und was Patapouf betrifft, diese Flohschleuder, so habe ich beim Gericht für tierische Angelegenheiten eine einstweilige Verfügung erwirkt, dass er sich mir nur bis auf zehn Meter nähern darf.

16. Juni
379. Tag in Gefangenschaft

Heute ist ein großer Tag für mich. Endlich, nach Stunden um Stunden der Bespitzelung, habe ich ausfindig gemacht, wo der Schatz versteckt ist!

Nicht der Schatz der Tempelritter oder irgendwelches Diebesgut von Piraten. Nein, etwas viel Kostbareres, der Schatz des Hauses: der Ort, an dem meine Familie meine Konserven lagert. Die niederträchtigen Schurken hatten die schlechte Idee, sie in einem Schrank in der Garage versteckt zu halten. Ha! Wie viel Geduld, Diskretion und Durchhaltevermögen musste ich an den Tag legen, um dieses wohlgehütete Geheimnis aufzudecken. Jetzt muss ich nur noch auf der Lauer liegen und den richtigen Moment abwarten, um ins Allerheiligste eindringen zu können.

18. Juni
381. Tag in Gefangenschaft

Liebes Tagebuch, glaube bloß nicht, dass ich dich vernachlässige, aber mir fehlt einfach die Zeit. Ich halte mich in der Garage versteckt und warte auf den günstigen Moment, um mich in den Futterschrank zu schmuggeln. Mein Plan ist simpel, aber effektiv. Abwarten, dass Marc in die Garage kommt, und ihm dann ganz unauffällig, fast wie ein Geist, auf dem Fuße folgen und in den Schrank schlüpfen. *Mission Impossible*? Nicht für einen Kater wie mich!

19. Juni
382. Tag in Gefangenschaft

Mission geglückt! Ich bin allein in dieser dem Futtergott geweihten Kathedrale. Vor meinen verblüfften Augen ragt ein Berg aus Katzenfutter auf. Ich bin so aufgeregt wie Christdemokratin Christine Boutin im Vatikan. Mir läuft das Wasser im Munde zusammen. Ein Festessen nur für mich!

Gut, machen wir uns nichts vor, der zweite Teil meiner Mission verläuft nicht gerade nach Plan.

Ich bin jetzt seit drei Stunden im Schrank der Köstlichkeiten eingesperrt, ohne dass ich auch nur eine der ein Dutzend Konserven öffnen könnte, und die Büchsen scheinen mich zu verhöhnen. Haben Sie schon mal versucht, eine Konservendose mit Krallen aufzumachen?

Ich ja! Und das Ergebnis ist nicht überzeugend. Ich will ja jetzt keine Verschwörungstheorien aufstellen, aber ich bin davon überzeugt, dass der Sadist, der das Konzept der Konservendose entwickelt hat, stundenlang nach einem Öffnungsverfahren gesucht hat, das einfach für Menschen und unmöglich für Katzen ist. Das alles natürlich mit dem Ziel, uns zu Sklaven der Menschen zu machen.

Seit mittlerweile sechs Stunden bin ich nun im Futterschrank gefangen und sterbe vor Hunger. Ironisch, hm? Klar, ich könnte Kartoffeln, Lauch oder Zwiebeln essen, die werden hier auch gelagert, aber ich HASSE Gemüse.

Da kann ich noch so maunzen wie ein Teenager in der ersten Reihe beim Justin-Bieber-Konzert, niemand hört mich. Meine Kräfte verlassen mich, ich spüre, wie ich vergehe, mir wird schwarz vor Augen, doch da, in der Ferne, ein weißes Licht …

Lebewohl, du grausame Welt! Die Ironie meiner Lage ist eine gute Zusammenfassung meines Lebens, das Leben eines Helden auf der Suche nach Freude und voller Wagemut, das Leben eines Abenteurers moderner Zeiten, das Leben eines … Ah! Marc macht endlich die Tür auf. HÄTTEST DU NICHT EHER KOMMEN KÖNNEN? Mach schon, gib mir was zu essen oder ich fress dich auf!

20. Juni

383. Tag in Gefangenschaft

Hey! Was rieche ich denn da? Marc, Séverine, Rodolphe, Léa, ich verlange eine sofortige Familienversammlung! Ich rieche eine andere Katze an euch. Leugnet es nicht! Und da, dieses Haar auf Marcs Hose, das ist von einer Angorakatze! Ihr betrügt mich mit einer anderen? Ich bin am Boden zerstört.

Ach, ich sehe es geradezu vor mir, ihr Verräter, wie ihr mit der anderen spielt, sie streichelt und sogar noch schlimmer … sie füttert!

Wie konntet ihr mir das antun? Wo ich euch doch die besten zwölf Monate meines Lebens geschenkt habe! Jeden Tag zu Hause bin, jederzeit bereit, euch zuzuhören, zum Lachen zu bringen, zu trösten, auf euren Knien zu liegen und zu schnurren. Und ihr betrügt mich mit der erstbesten dahergelaufenen Rassekatze! Ihr widert mich an. Ich weiß nicht, ob ich euch das jemals verzeihen kann.

Es bleibt mir nur noch, euch zu verlassen. Nie wieder könnte ich euch nach diesem Verrat in die Augen sehen. Es sei denn … Wärt ihr wohl bereit, etwas dafür zu tun, dass ich euch verzeihe? Ich bin mir einfach nicht mehr sicher, ob ihr mich auch liebt (trauriger Blick). Ich wäre bereit, es auf mich zu nehmen und euch zu vergeben, wenn … wenn ihr aufhört, mir dieses Diättrockenfutter zu geben.

21. Juni
384. Tag in Gefangenschaft

Hiermit appelliere ich offiziell an die UNO, die NATO, das französische Militär oder jede beliebige Söldnerarmee, helft mir, so schnell es geht. Eine Katze befindet sich in MEINEM Garten. Ich wiederhole, eine Katze befindet sich in MEINEM Garten und verspottet mich. Ich sitze hinter der Fensterscheibe fest und versuche, ihr Angst einzujagen, fauche ihr die schlimmsten Beleidigungen entgegen, aber sie stolziert ganz gelassen herum und lässt sich auf MEINEM Rasen in der Sonne bräunen. Das macht mich wahnsinnig!

Ich habe Ihnen bereits erklärt, dass wir Katzen ein wenig pingelig sind, was unser Territorium anbelangt. Die zwischenkätzlichen Beziehungen sind auf diesem Gebiet noch angespannter als die israelisch-palästinensischen.

Lesen Sie hier einen Auszug aus meiner Rede, die ich für meinen Auftritt vor dem UNO-Sicherheitsrat bei seiner nächsten Zusammenkunft vorgesehen habe:

»Meine Damen und Herren, es hat sich eine grobe Verletzung unseres Friedensabkommens zwischen Nachbarschaftskatzen zugetragen. Heute Morgen um exakt zehn Uhr ist eine Verdächtige mit rotem Fell in meinen Garten eingedrungen, um meine Anlage zu nutzen und mich zu provozieren. Ein schweres ethisches Vergehen, das nicht ungestraft bleiben darf. Ich appelliere hiermit also feierlich an Ihren Gerechtigkeitssinn und fordere einen präventi-

ven Bombenangriff auf die Nachbargärten. Das könnte als Grundsatzurteil gelten und würde, dessen bin ich mir sicher, die unausweichliche Eskalation dieses Konflikts abwenden.«

22. Juni

385. Tag in Gefangenschaft

Ich bin ein besonders gut organisierter Kater. Jeden Morgen erstelle ich eine To-do-Liste, also eine Liste der Dinge, die ich den Tag über erledigen will, falls jemand es nicht verstanden haben sollte.

Montag:

Essen.

Den Garten bewachen.

Schlafen.

Essen.

Mir am Vorhang die Nägel machen.

Schlafen.

Mich putzen.

Essen.

Den Ausgehungerten spielen, wenn meine Familie nach Hause kommt.

Essen (oder mich auf den Vorhang stürzen, je nach Größe der Portion Futter).

Spielen.

Wieder essen.

Schlafen.

Wenn ich sehe, was für ein Batzen Arbeit da heute auf mich zukommt, sage ich mir, dass Sie ganz schön Glück haben, dass Sie keine Katzen sind, sondern sorglose Menschen.

24. Juni

387. Tag in Gefangenschaft

Ausgerechnet dann, wenn ich schlafe, wecken sie mich auf!

25. Juni

388. Tag in Gefangenschaft

Wie die meisten meiner Artgenossen bin ich ein relativ konservativer Kater. Ich laufe nicht wie Sie Menschen irgendwelchen neumodischen Spielereien hinterher. Meine Lieblingsspielzeuge sind ein alter Ball und eine Plastiktüte.

Allerdings bin ich gerade dabei, süchtig nach dem Tablet der Trottels zu werden. Ich muss es nur einmal mit der Pfote berühren, und schon surfe ich im Internet, dann noch einmal, und ich öffne die Rezepte-App (mir läuft das Wasser im Munde zusammen), und noch einmal, und ich vernichte die Schweine, indem ich sie mit Vögeln abschieße (die Menschen haben manchmal seltsame Einfälle). Und wenn ich dann verliere, muss ich nur einmal etwas kräftiger mit der Pfote nachhelfen, und das Tablet fliegt auf den Boden. Dann schaue ich mich nach rechts und links um, vergewissere mich, dass niemand mich gesehen hat, und flitze ab in mein Versteck.

26. Juni
389. Tag in Gefangenschaft

Ich will hier ja nicht den Harten markieren, aber Sie sollten dennoch wissen, dass ich genau wie Fernfahrer und Rockstars tätowiert bin.

Gut, mein Tattoo ist keine nackte Frau und auch kein Johnny Hallyday oder ein Wolf.

Mein Tattoo ist sogar hundsmiserabel, vollkommen lächerlich. Ich weiß nicht mehr, wer es mir verpasst hat, aber wenn ich ihm eines Tages begegnen sollte, dann setzt es was, aber wie. Wer kommt denn bitte auf die Idee, mir FFO3B innen ins Ohr zu stechen? FFO3B, das hat absolut nichts zu bedeuten! Und dann die Qualität, das sollten Sie sich mal ansehen! Eine schlechte blaue Tätowierung. Da werden selbst im Gefängnis gelungenere Tattoos gestochen. Angeblich kann man mich anhand dieses Tattoos identifizieren. Was bin ich denn? Eine Konservenbüchse mit Strichcode auf dem Etikett?

30. Juni
393. Tag in Gefangenschaft

Ich sehe gern Science-Fiction-Filme. Sie sind sehr unterhaltsam und machen mir keinerlei Angst. Ist Ihnen aufgefallen, dass in einem Film wie *Alien* der Außerirdische alle Menschen tötet, aber die Katze im Raumschiff in Ruhe lässt? Was ja zweifellos die Überlegenheit der Aliens gegenüber den Menschen beweist. Ich mag Außerirdische. Bis auf Alf, ich finde, der ist ein richtiger Psychopath, so besessen wie er davon ist, kleine Kätzchen zu verputzen.

1. Juli
394. Tag in Gefangenschaft

Nachricht an die Nachbarkatze (ich weiß, dass du mein Buch gekauft hast und jetzt noch neidischer auf mich bist): Mein Katzenpapa kann deinem Katzenpapa alle Knochen brechen, weil meiner nämlich stärker ist als deiner! Ich weiß, dass dein Herrchen neunzig ist und sich nur noch im Rollstuhl fortbewegt, aber das ist keine Entschuldigung.

2. Juli
395. Tag in Gefangenschaft

Ich mache mir immer mehr Sorgen um die mentale Gesundheit meiner Familie. Gestern, es war Sonntag, ist ihnen nichts Besseres eingefallen, als mich auf einen Fahrradausflug mitzunehmen. Auf dem Fahrrad! Sie hatten einen Weidenkorb an einem ihrer Drahtesel angebracht und dachten ernsthaft, dass ich Gefallen an diesem Erlebnis finden würde.

Sie wissen ja, liebe Leser, dass ich außerordentlich mutig und stets auf der Suche nach neuen Abenteuern bin. Aber die Vorstellung, dass ich mich auf dieser Teufelsmaschine befinde, mitten im Straßenverkehr, Marc ausgeliefert, der nicht einmal geradeaus gehen kann, ohne hinzufallen (wenn ich ihm nachts vor die Füße laufe) … also wirklich, nein! Nicht mit mir. Ich bin nicht suizidgefährdet, alles andere als das. Auch wenn ich neun Leben habe, die spare ich auf, solange es geht.

3. Juli
396. Tag in Gefangenschaft

Psst! Liebe Leser, kommen Sie zu mir in mein Versteck. Nein, nicht in dieses da, das andere, das neue. Aber unauffällig, die Lage ist ernst. Heute Morgen habe ich ein Gespräch zwischen Marc und Séverine mitgehört, in dem die

Rede von Zahnsteinentfernung und Tierarzt war. Ich bin überzeugt davon, dass es dabei um mich ging. *Psst!* Machen Sie doch nicht solchen Lärm! Wenn sie uns schnappen, dann sind wir dran, dann geht's auf zur Folter beim Sadisten im weißen Kittel. Ja, liebe Leser, Sie auch! Ich wollte Sie ja nicht kränken, aber mir ist wohl aufgefallen, dass Ihre Zähne ziemlich gelb geworden sind.

Falscher Alarm, es war der arme Patapouf, der zum Tierarzt musste, um sich Zahnstein entfernen zu lassen. Das war knapp. Der Gedanke daran, irgendwann zu diesem Psychopathen mit Stethoskop zurückkehren zu müssen, bereitet mir regelmäßig grauenvolle Albträume. Alles klar, ich habe gerade gehört, wie das Auto gestartet wurde. Wir sind in Sicherheit. Kommen Sie, liebe Leser, das feiern wir. Ich gebe eine Runde aus und gestatte Ihnen, mir beim Essen zuzugucken, aber wehe, Sie rühren mein Futter an!

Marc? Was machst du denn hier?

Du Verräter, Schurke, Judas im eigenen Heim, Treuloser, Hinterhältiger! Das war alles nur eine niederträchtige Strategie, um mich aus meinem Versteck zu locken. Kochend vor Wut sitze ich mit meinem Leidensgenossen Patapouf im Auto und bewege mich unweigerlich auf das traurige Schicksal zu, das mich in der Tierarztpraxis erwartet.

Das Wartezimmer, der Stress, der Geruch nach Fett, ein Gemisch aus medizinischen und animalischen Gerüchen, die Angst, die durch die Wände sickert, und jede verstreichende Minute bringt mich der unentrinnbaren Begegnung mit dem Teufel näher. *Ticktack, ticktack, ticktack,*

Beelzebubs Assistentin tritt ins Wartezimmer und verkündet mit ihrer Stimme aus dem Jenseits die Furcht einflößendsten Worte, die man sich vorstellen kann:

»Unser kleiner süßer Edgar ist an der Reihe.«

Ich erspare Ihnen die makabren Details meiner üblen Begegnung mit dem Bösen, Ihr kleines zerbrechliches Herz würde das nicht aushalten.

Es sei Ihnen nur gesagt, dass ich jetzt so hübsche weiße Zähne habe wie ein Fernsehsprecher.

4. Juli
397. Tag in Gefangenschaft

Heute Morgen fühle ich mich genauso faul wie derjenige, der das Straßenschild »Alle Richtungen« erfunden hat. Deswegen schreibe ich auch keine Zeile zu viel in dieses Tagebuch. Bestehen Sie nicht darauf! Hören Sie mal! Hören Sie das? Das kommt aus dem ersten Stock. Hören Sie gut hin, das ist meine Decke, die mich ruft. Gute Nacht!

5. Juli
398. Tag in Gefangenschaft

Bei allem, was ich über die Lebensmittelindustrie lese, Rinderwahnsinn, Pferdefleisch in der Lasagne, traue ich mich gar nicht mehr, darüber nachzudenken, was alles in meinem Futter landet. Ich habe also, was meine Ernährung betrifft, eine radikale Haltung angenommen: Ich habe aufgehört, Zeitung zu lesen.

6. Juli

399. Tag in Gefangenschaft

Abenteuer, Liebe, Nervenkitzel, das alles erwartet Sie nun in diesem Tagebuch, überspringen Sie also nichts!

Ich habe Sie angelogen, es wird in diesem Kapitel weder Abenteuer noch Nervenkitzel geben, und schon gar keine Liebesgeschichte (wie fürchterlich!). Ich probiere nur Marketingstrategien aus. Ich lerne ungemein viel durch Fernsehwerbung. Sie sind schon seltsam, die menschlichen Kreaturen, mit ihrem Hang zum unablässigen Lügen.

Wir Katzen lügen uns nicht an, wir reden Klartext, wir verlieren keine Zeit mit frommen Ausreden. Es ist übrigens an der Zeit, dass ich Tacheles mit Ihnen rede.

Liste von Wahrheiten, die man nicht gern hört:

- In Ihrem Alter sollten Sie sich bei der Lektüreauswahl einem anderen Genre als »Humor« zuwenden.
- Madame, Ihr Mann belügt Sie, Sie haben diesen Winter schon ein wenig zugenommen.
- Monsieur, Sie können nicht Auto fahren (man würde fast meinen, da säße ein Betrunkener am Steuer!).
- Mademoiselle, er liebt Sie nicht, er will nur mit Ihnen ins Bett.

– Habe ich Ihnen schon gesagt, dass Sie ein wenig zugenommen haben, Madame? Tja, da habe ich mich wohl geirrt – Sie haben enorm zugenommen.

7. Juli
400. Tag in Gefangenschaft

Das ist die letzte freie Seite in diesem Tagebuch. Ich muss Séverine schnellstmöglich ins Schreibwarengeschäft schicken. Unterdessen schicke ich mein Manuskript an einen Verlag. Ich bin überzeugt, dass man es veröffentlichen wird. Schließlich trifft man nicht alle Tage auf einen Kater, der schreiben kann, und dazu noch einen guten Stil hat und gelehrt ist!

Mir bleibt hier gerade noch genügend Platz, um meiner Adoptivfamilie zu sagen, dass ich sie lieb habe. Aber dass sie das bloß nicht ausnutzen, um mich mit Streicheleinheiten zu bedrängen. Ich bin immer noch kein Kuscheltier!

Edgar, der (scheinbar) grantige Kater

Können Tiere Lieben?

Jennifer S. Holland
UNBÄNDIGE LIEBE
Neue wundersame Geschichten aus dem Tierreich
Aus dem amerikanischen Englisch von Maria Mill
304 Seiten
mit zahlreichen Abbildungen
ISBN 978-3-431-03912-2

Stellt man diese Frage Tierfreunden und Biologen, erhält man die unterschiedlichsten Antworten - kein Wunder, denn schließlich ist es doch schon schwer genug, dieses große Gefühl für uns Menschen zu bestimmen. Dass es aber tatsächlich tiefe und außergewöhnliche Verbindungen zwischen Tieren gibt, zeigen die Geschichten, die Jennifer S. Holland erzählt, begleitet von wunderbarem Bildmaterial. Auf der ganzen Welt lässt sich beobachten, dass sich Tiere, ohne auf den eigenen Vorteil zu achten, umeinander kümmern und füreinander da sind - und das, obwohl sie häufig nicht einmal derselben Art angehören. Diese Geschichten lassen keinen Zweifel zu: Es muss Liebe sein.

Bastei Lübbe